CH. SÉCHAN
DÉCORATEUR DE L'OPÉRA

SOUVENIRS
D'UN
HOMME DE THÉATRE
1831-1855

RECUEILLIS PAR

ADOLPHE BADIN

PARIS
CALMANN LÉVY, ÉDITEUR
ANCIENNE MAISON MICHEL LÉVY FRÈRES
3, RUE AUBER, 3

1883

Droits de reproduction et de traduction réservés

SOUVENIRS

D'UN

HOMME DE THÉATRE
1831-1855

CALMANN LÉVY, ÉDITEUR

OUVRAGES

DE

ADOLPHE BADIN

Format grand in-18

UN PARISIEN CHEZ LES RUSSES. . . . . 1 vol.
PETITS CÔTÉS D'UN GRAND DRAME. . . . . . 1 —

PARIS. — IMPRIMERIE CHAIX, RUE BERGÈRE, 20. — 15186-3.

PRÉFACE

Charles Blanc, l'éminent auteur de l'*Histoire des peintres de toutes les écoles,* de la *Grammaire des arts du dessin* et de tant d'autres œuvres remarquables, l'érudit professeur d'esthétique, le critique au jugement si sûr et si fin, nous avait promis, il y a deux ans, d'écrire la préface de ce volume. Non seulement il avait été le camarade et l'ami de Séchan, non seulement ils ne s'étaient guère perdus de vue l'un l'autre au cours de leur longue et laborieuse carrière, mais l'écrivain avait toujours manifesté hautement pour le talent de l'artiste une prédilection, une admiration toutes particulières. Aussi s'était-il offert, de grand cœur, à présenter au public les souvenirs de théâtre laissés par le célèbre décorateur. Nul assurément n'était mieux placé pour juger, et plus autorisé pour recommander l'homme qu'il avait pu voir à l'œuvre, depuis ses débuts jusqu'à sa dernière création.

La mort à jamais regrettable de Charles Blanc nous ayant privé de l'inappréciable bonne fortune sur laquelle nous comptions, nous avons dû chercher autour de nous, parmi les contemporains de Séchan, une personnalité suffisamment qualifiée pour se faire son introducteur et son patron auprès de nos lecteurs. A ce moment, nous nous sommes souvenus tout à coup de quelques maîtresses pages laissées par deux écrivains, éminents à des titres divers, et qu'on pourrait supposer écrites tout spécialement à notre prière, tant elles s'adaptent exactement, rigoureusement, à notre sujet. En outre, par une rencontre des plus heureuses, il se trouvait que ces deux éminents écrivains, Théophile Gautier, l'étincelant critique, l'admirable styliste, et George Sand, l'incomparable romancier, avaient tous deux connu très intimement Séchan, et professé pour son talent comme pour son caractère la même profonde estime. Il nous a paru piquant de leur emprunter, après leur mort, une recommandation que, vivants, ils n'eussent certainement pas marchandée à la mémoire de Séchan.

Ajoutons que personne, ainsi que nos lecteurs en pourront juger, n'eût mieux dit, avec une plus grande justesse, une netteté plus parfaite et une plus incontestable autorité, ce que nous voulions précisément faire dire à l'auteur de notre préface.

Laissons d'abord la parole à Théophile Gautier.

« On ne se figure pas la quantité énorme de travail qu'exigent cette littérature et cet art de tous les jours dont on ne fait guère plus de cas que de l'air qu'on respire, tant il semble naturel d'être baigné par cet oxygène de l'esprit. Si cet air manquait, comme on se sentirait oppressé, comme on aurait la tête lourde, comme la conversation s'appauvrirait, comme vite l'Attique tournerait à la Béotie ! On n'estime pas ces talents faciles qui enlèvent toutes les difficultés, ces improvisateurs toujours prêts, ces éruditions que rien ne surprend, ces originalités qui tirent tout de la substance de leur temps et qui n'empruntent rien aux traditions classiques. Le respect se réserve pour les gens dits sérieux. L'ennui vous impose. Dès qu'on a bâillé, l'on admire et l'on dit : « C'est beau ! »

» Parmi ces sacrifiés, il faut mettre au premier rang les décorateurs. Certes, la place qu'ils tiennent dans l'art dramatique actuel est immense ; personne ne le contestera. Que de pièces vantées leur doivent le succès ! que de chutes ils ont empêchées ! que de sots dénouements ils ont sauvés par quelque apothéose ! Mais, bien que des foules immenses sans cesse renouvelées viennent chaque soir contempler leurs œuvres faites pour disparaître, hélas ! au bout d'un certain temps, un préjugé bizarre empêche de les apprécier à leur juste valeur.

» Le public s'imagine que, pour produire une belle décoration, il suffit de répandre des seaux de couleur sur une toile étendue à terre et de les mélanger avec des balais ; le jeu de lumière fait le reste. C'est à peine si, au bout de leurs analyses, les feuilletonistes signalent en quelques mots rapides ces merveilles qui demandent tant de talent, d'imagination et de science. Le moindre peintre ayant exposé au Salon un ou deux petits tableaux est connu. Les *reviewers* de l'Exposition s'en occupent, la foule apprend à en retenir le nom, tandis que celui du plus habile décorateur reste souvent obscur, quoiqu'il figure à présent sur l'affiche. On pense à l'auteur, à la pièce, aux comédiens, aux costumes, aux maillots, aux trucs, à tout, avant d'arriver à lui. Et cependant quel art vaste, profond, compliqué, que le décor comme on l'entend de nos jours ! La perspective, que la plupart des peintres ignorent, les décorateurs la savent mieux que Paolo Ucello, qui l'inventa. Ils la savent d'une façon rigoureuse, géométrique, absolue. Ils connaissent la projection des ombres, dessinent l'architecture comme des architectes, et procèdent d'une manière complètement scientifique dans le tracé et la plantation de leurs décors. Rien n'est livré au hasard dans ces vastes machines dont les toiles de fond sont grandes trois ou quatre fois comme les *Noces de Cana*. La moindre erreur, le plus léger gauchissement y produiraient des déviations énormes.

» Ce n'est là que la partie matérielle de la décoration. Pour suffire aux exigences imprévues des auteurs, il faut posséder à fond tous les pays, toutes les époques, tous les styles; il faut connaître la géologie, la flore et l'architecture des cinq parties du monde. Cela n'est même pas assez. Les civilisations disparues, les splendeurs du monde anté-diluvien, les verdures azurées du paradis, les flamboiements rouges de l'enfer, les grottes de madrépores de l'Océan, Babel, Énochia, Ninive, Tyr, Memphis et tout le domaine de la féerie, ce qui existe et ce qui n'existe pas, le décorateur doit être prêt à rendre ces spectacles si divers. Un auteur écrit en tête d'un acte : « La scène est à Bysance; » et vite l'artiste bâtit un palais bysantin, avec pleins cintres, coupoles, colonnes de porphyre, mosaïque à fond d'or, auquel Anthemius de Tralles, l'architecte de Justinien, ne trouverait rien à reprendre. Si l'action se passe en Chine, tout aussitôt se dressent les tours en porcelaine aux toits recourbés, s'élèvent les ponts en forme de dragons, s'ouvrent dans les murailles les portes circulaires, flottent au vent les enseignes historiées de caractères, s'échevèlent dans les lacs les saules d'un vert argenté. On dirait que le décorateur a fait le voyage d'Hildebrandt, le peintre prussien, et que le Céleste Empire lui est aussi familier que la banlieue de Paris. Et ainsi pour une pagode, pour un temple grec, pour une cathédrale gothique, pour une forêt vierge, pour le sommet de l'Himalaya, pour un intérieur pompéien ou pour un boudoir de marquise. C'est lui qui fournit de couleur locale tant d'ouvrages qui en manquent, et plus d'une fois il nous est arrivé d'oublier l'action pour le décor, infiniment supérieur à la pièce.

» Il est douloureux de penser que rien ne reste de ces chefs-d'œuvre destinés à vivre quelques soirs et qu'ils disparaissent des toiles lavées, pour faire place à d'autres merveilles également fugitives. Que d'invention, de talent et de génie perdus, et sans même laisser toujours un nom ! »

Voici maintenant une page peu connue de George Sand, où l'admirable écrivain parle de l'art du décorateur avec un véritable enthousiasme et en même temps avec une compétence qu'on ne s'attendait pas à rencontrer sous sa plume :

« Pour qui s'occupe ou veut s'occuper de peinture, la détrempe est le meilleur apprentissage qu'on puisse faire. Ce n'est pas un art secondaire comme pourraient le croire les gens superficiels. C'est l'art type, au contraire, l'art mathématique, le grand art, exact dans ses procédés, sûr dans ses résultats. Le peintre en décors doit connaître la perspective assez parfaitement pour savoir tricher avec elle sans que l'œil s'en aperçoive. Il doit connaître aussi d'une façon mathématique la valeur relative et l'association nécessaire des tons qu'il emploie. Ce que ces tons doivent gagner ou perdre aux lumières, c'est une question de métier, mais ici le métier n'est pas tout. Il faut être aussi bien doué que savant pour donner à ces grands tableaux praticables l'aspect de la nature. Les maîtres-décorateurs de nos théâtres sont donc en général d'éminents artistes, et Delacroix les tenait en haute estime. Dans ses jours de paradoxes féconds en enseignements, il les plaçait au-dessus de lui-même. « Ces gens-là », disait-il, « savent ce que l'on ne
» nous apprend jamais, ce que nous ne trouvons
» qu'après de longs tâtonnements et bien des jours
» de désespoir. Nous nous battons contre la vérité
» avant de la saisir, et eux, sans en chercher si

» long, ils y arrivent par la science exacte de leur
» art. « Peins à la colle, mon cher enfant, peins à la
» colle! » ne cessait-il de dire à Maurice, « il n'y a que
» cela de vrai, c'est de la peinture par A + B, et
» c'est parce que nous avons perdu l'A + B de la
» peinture à l'huile que le public patauge, quand
» nous ne pataugeons pas nous-mêmes. Nous ne
» savons plus faire d'élèves ; et, ce que j'ai appris,
» moi, je ne peux pas te l'enseigner. Je l'ai trouvé
» trop péniblement, et nous en sommes tous là ; il
» faut tout trouver soi-même, tandis que les peintres
» en décor ont encore des lois qu'ils se transmettent
» les uns aux autres, et ces lois-là c'est le nécessaire,
» la chose précieuse, qui nous manque, et sans la-
» quelle le génie ne nous sert de rien... »

Que pourrions-nous ajouter sur ce sujet, après Théophile Gautier, après George Sand, après Eugène Delacroix? Un mot seulement pour regretter qu'au cours de la petite polémique soulevée dernièrement dans la presse à propos de la mise en scène, polémique à laquelle MM. Émile Perrin, Sarcey, Garnier, Alexandre Dumas ont pris la brillante part que l'on sait, la question de la décoration ait été à peine effleurée. Tout au plus en a-t-on parlé en passant, et encore pour se plaindre de la place de plus en plus considérable que les directeurs lui accordent dans eurs préoccupations. Il est vrai qu'il s'agissait surtout des scènes de genre, et non pas de l'Opéra, où personne ne songera sans doute à trouver exagérée l'importance légitime qu'on y attache à l'art qui nous occupe.

Il nous reste maintenant à donner quelques détails biographiques sur l'artiste remarquable dont on lira ci-après les souvenirs.

Charles-Polycarpe Séchan naquit à Paris, rue du Mail, le 29 juin 1803. Il manifesta de bonne heure un goût très vif pour le dessin, et entra fort jeune encore dans l'atelier de Lefèvre, décorateur de la Porte-Saint-Martin. Secondé par une intelligence naturelle des besoins décoratifs du théâtre, il acquit rapidement une habileté de main remarquable et put bientôt aider puissamment son maître. On assure même qu'empiétant sur le rôle du brave Lefèvre, il aurait pu signer sans scrupule nombre de décors auquel celui-ci n'avait guère touché ; on cite entre autres, comme ayant été exécutées d'un bout à l'autre par lui, une partie des décorations de *Perrinet Leclerc*, et particulièrement la plus intéressante, celle qui représente *une vue du vieux Paris*.

De l'atelier Lefèvre, Séchan passa à l'atelier Ciceri. Ciceri, qui devait un jour être dépassé de si loin par ses élèves, était alors à l'apogée de sa réputation. Son fameux cloître de Sainte-Rosalie, au troisième acte de *Robert le Diable*, l'avait placé au premier rang.

Et cependant ce n'était pas de lui, mais bien des élèves formés dans son atelier que devait dater l'ère de la décoration moderne ; c'est à cette pléïade de jeunes gens intelligents, chercheurs, pleins d'ardeur et de talent, c'est à Séchan et à ses camarades qu'il était réservé de faire sortir réellement la décoration des nuages de la convention où elle était encore à demi noyée, et de l'élever à un degré de magnificence et de beauté qui certainement ne sera jamais dépassé.

« Le décor, comme la littérature, a eu sa rénovation romantique vers 1830. Séchan, Feuchères, Diéterle et Despléchin furent les Delacroix, les Decamps, les Marilhat, les Cabat de la peinture au théâtre. Ils y rapportèrent l'invention, l'audace, la couleur, l'exactitude. Ce furent eux qui prêtèrent leurs merveilleuses brosses à tous les grands opéras de Meyerbeer, d'Halévy et d'Auber. » (Théophile Gautier.)

En effet, dans cette magnifique période théâtrale qui va de 1830 à 1855 et plus, il n'est guère d'œuvre saillante à laquelle Séchan et ses trois camarades de l'atelier Ciceri [1] n'aient attaché leur nom, il est

---

1. Les quatre jeunes gens se formèrent en société, d'abord sous la rubrique : *Séchan, Feuchères et Cie*, puis à la mort de Feuchères, en 1841, sous celle-ci : *Séchan, Despléchin, et Diéterle*. Plus tard encore, en 1848, la société disparut, et Séchan resta seul en nom à la tête de ses travaux. Les

bien peu d'auteurs applaudis à qui ils n'aient apporté le concours de leur talent.

Naturellement, dans l'énumération et dans l'appréciation de ses travaux, nous ne séparons pas Séchan de ses collaborateurs ordinaires, par la raison que nous serions fort embarrassés d'établir d'une manière certaine la part qui revient à chacun d'eux dans l'œuvre commune. Disons seulement que, parmi ses collaborateurs aussi bien que parmi les autres décorateurs qui se firent connaître en même temps que lui, personne ne posséda à un plus haut degré que Séchan cette science profonde, cette habileté prodigieuse, ce génie spécial dont parle Gautier. D'autres, sans doute, mirent dans leur exécution plus de délicatesse, plus de fini; aucun ne vit les choses d'ensemble et de haut comme lui, aucun n'eut son faire large, puissant, à effet. Comme nous le disait naguère le baron Taylor : « Feuchères, Despléchin, Diéterle, Cambon,

quatre associés avaient d'abord installé leur atelier rue du Faubourg-Poissonnière, aux Menus-Plaisirs. Ils se transportèrent ensuite rue de Provence, n°7; puis, ce nouveau local étant devenu insuffisant à son tour, Séchan acheta rue Turgot un grand terrain sur lequel il fit bâtir l'immense atelier où devaient s'exécuter ses principales décorations de l'Opéra, ainsi que ses importants travaux pour Bade et pour Constantinople.

Thierry, étaient des dessinateurs de premier ordre ; dans Séchan, il y avait l'étoffe d'un maître. »

On doit aussi à Séchan la restauration d'un certain nombre de salles de théâtre de province, notamment de celles de Lille, de Charleville, de Saint-Quentin, de Douai, de Calais, de Moulins, d'Avignon et de Versailles. A Paris même, en 1838, il avait déjà restauré complètement la salle de l'Opéra-Comique et celle des Variétés.

L'étranger, enfin, eut également recours à Séchan, et la décoration intérieure du théâtre de la Monnaie à Bruxelles, celle du grand théâtre de Gand et celle du théâtre royal de Dresde peuvent compter parmi les travaux qui lui font le plus d'honneur.

Il faut rappeler encore, dans cette trop rapide énumération des titres du célèbre artiste à l'admiration de ses contemporains, la construction du Théâtre-Historique, dont la carrière, si brillamment commencée, devait être si courte et si lamentable. Cette fois, Séchan ne se montra pas seulement décorateur hors ligne, mais encore architecte plein de ressources et d'originalité. Son succès, sous ces deux aspects, fut complet, et, le jour de l'ouverture du théâtre, il n'y eut qu'une voix, dans le public aussi bien que parmi les gens du métier, pour louer le pompeux aspect de la salle, l'éclat de son ornementation et le confort tout particulier de ses dispositions

Des travaux de décoration d'un autre genre occupèrent encore, à diverses époques de sa carrière, les brosses expérimentées de Séchan. Nous voulons parler de ceux qui lui furent confiés à l'occasion de diverses fêtes et solennités publiques. Là encore, il fit preuve d'un goût, d'une originalité et d'une fécondité d'invention tout à fait remarquables.

Mentionnons encore sa décoration de diverses chapelles à Saint-Eustache, ses grands travaux du Panthéon en 1852, lors de la transformation de cet édifice en l'église Sainte-Geneviève ; et enfin sa magnifique restauration de la galerie d'Apollon au Louvre, sous la direction de M. Duban.

N'oublions pas non plus cette suite de quarante dessins aux deux crayons que Séchan fit d'après nature pour *la Normandie pittoresque* du baron Taylor, et dont celui-ci disait : « J'ai eu, je peux le dire, parmi les dessinateurs de mon ouvrage, les premiers artistes de mon temps, Delacroix, Bonnington, Dauzats, pour n'en nommer que quelques-uns ; eh bien, il n'en est pas un dont les dessins l'emportent sur ceux de Séchan. Séchan, comme dessinateur, était merveilleux et je ne vois personne qui lui soit supérieur. » Scheffer, Ingres, Paul Delaroche furent également émerveillés de la puissante tournure de ces dessins et s'accordèrent à dire que, si Séchan ne s'était pas donné à la décoration, il eût fait sûrement un grand peintre.

Nous arrivons maintenant aux travaux considérables entrepris par Séchan pour Bade et pour Constantinople. C'est en 1853 que M. Ed. Bénazet, l'opulent et prodigue fermier des jeux, confia au célèbre maître le soin de décorer quatre salons de la Maison de Conversation. L'auteur d'*un Été à Bade* fit de ces quatre salons une description enthousiaste, qu'il termina ainsi : « C'est M. Séchan, l'éminent artiste, l'habile architecte décorateur, le grand maître de l'ornementation, qui a été chargé d'exécuter ces quatre nouveaux salons, avec le concours de MM. Diéterle et Haumont. Ces splendides salles ont été construites et ornées sous les ordres de ce maître renommé, par une légion de praticiens pleins de talent, et, de plus, exécutées à Paris même. »

C'est à Paris également, dans son immense atelier de la rue Turgot, que Séchan exécuta, de 1853 à 1859, la chambre à coucher du sultan Abdul Medjid, la décoration intérieure des kiosques des Eaux-Douces d'Asie, de Kutchuk-Tchiftlick et du vieux sérail, les appartements du sultan et de son frère aux palais de Dolma-Baghtché et de Beschik-Tasch et enfin la salle de spectacle de Dolma-Baghtché avec toutes ses dépendances. Le sultan fut ébloui de l'incomparable richesse et ravi du goût irréprochable de ces splendides décorations : il fut en même temps émerveillé de leur bon marché relatif, habitué qu'il était à payer à ses fournisseurs européens jusqu'à huit ou dix fois la valeur de chacune de leurs fournitures ; ce qui n'empêcha pas, d'ailleurs, Séchan de réaliser des bénéfices qui lui permirent de se retirer des affaires avec une très belle fortune.

Toutefois, lorsqu'en 1860 la construction du nouvel Opéra de Paris fut mise au concours, Séchan se laissa tenter par la perspective de couronner par cette œuvre grandiose sa longue carrière presque entièrement consacrée aux choses du théâtre : le projet qu'il envoya, pour n'avoir pas remporté le prix, n'en fut pas moins avantageusement remarqué par les gens du métier.

Ce fut le dernier travail de Séchan : désormais il ne s'occupa plus que du soin de compléter la splendide collection d'objets d'art qu'il avait rassemblée au cours de ses nombreux voyages en Italie, en Espagne et à Constantinople, et de l'installer dans son opulent hôtel de la rue Larochefoucauld. La fin de sa vie fut attristée par les douloureux événements de 1870-71, pendant lesquels il refusa courageusement de quitter Paris, malgré son âge et sa santé déjà fort ébranlée. Un deuil particulier, la mort de la compagne adorée de sa vie, vint s'ajouter au deuil national et politique ; et, sous ces coups redoublés, la maladie de cœur, dont il portait le germe en lui, prit des développements inquiétants et finit par l'emporter, après de longues et poignantes souffrances, le 14 septembre 1874. Il laissa des regrets sincères et unanimes, car, chez ce puissant artiste, le caractère était à la hauteur du talent, et personne ne sut faire un usage plus large et plus généreux d'une grande fortune honorablement gagnée. Très indépendant de sa nature, il était demeuré, toute sa vie, attaché à l'idée républicaine et s'était empressé de donner, après le coup d'État, sa démission de la place d'inspecteur des Musées nationaux qu'il avait acceptée en 1848.

Quelques mois après la mort de Séchan, sa collection, devenue rapidement célèbre à Paris, fut vendue à l'hôtel Drouot, et produisit la somme énorme de 523,500 francs. Parmi les pièces principales de cette collection véritablement hors ligne, nous citerons un magnifique cimeterre vénitien de la Renaissance en bronze ciselé et doré, acheté deux cents et quelques francs par Séchan à Constantinople, et qui fut adjugé par M. Charles Pillet à la somme incroyable de cinquante mille francs. Cette arme incomparable, unique en son genre, est aujourd'hui à Prigny, près de Genève, dans la splendide résidence d'été de M. le baron Adolphe de Rothschild.

A. B.

SOUVENIRS

D'UN HOMME DE THÉATRE [1]

Des *Mémoires* en général et des *Mémoires des hommes de théâtre* en particulier. — Les commencements d'un artiste. — Le père Lefèvre. — L'atelier Ciceri. — La décoration en France avant Ciceri. — Rénovation romantique du décor en 1830. — Ciceri et ses élèves. — Le cloître de *Robert le Diable*. — La politique et le théâtre de 1830 à 1832. — L'artillerie de la garde nationale.

Il y a deux façons de comprendre et d'écrire ses *Mémoires*; la première, et la plus ordinaire, c'est non seulement de ne raconter que les événements auxquels on a été mêlé personnelle-

[1]. Ces souvenirs ont été recueillis de la bouche même du célèbre artiste pendant les dernières années de sa vie, de 1870 à 1874. Mon rôle, à moi, s'est donc borné à les classer dans l'ordre voulu, à les relier ensemble par un fil suffisamment solide, et enfin à les présenter aux lecteurs sous la forme qui m'a paru le plus propre à les intéresser. — A. B.

ment, en laissant systématiquement de côté tous ceux auxquels on est resté étranger, mais encore de les raconter à son point de vue particulier, en subordonnant tout, hommes et choses, à sa propre personnalité ; la seconde, au contraire, est de se placer sur un terrain plus haut et plus large à la fois, d'embrasser d'un regard moins étroit les événements dans lesquels il nous a été donné de jouer un rôle, de raconter ce rôle sans lui donner une importance plus considérable que la réalité ne le comporte, et enfin de ne pas négliger celui que les autres ont pu jouer à côté de nous, pour reconstituer la véritable physionomie de l'époque où nous voulons transporter nos lecteurs.

C'est surtout quand il s'agit d'un homme ou d'une femme de théâtre que ces *Mémoires* ont une tendance fatale à tourner au panégyrique de l'auteur par lui-même, à l'exclusion de tout ce qui pourrait faire dériver l'attention sur un camarade ou sur une rivale. Les publications de ce genre qui ont paru, et en assez grand nombre, depuis une dizaine d'années, ont presque toutes laissé voir, avec une naïveté presque cynique, cette préoccupation constante de *tirer à soi la couverture*, et leur succès en a été très certainement compromis.

Je suis de ceux à qui cette glorification perpétuelle du *moi*, du *mien* et du *je*, est insupportable ; je tomberais plutôt dans l'excès contraire. Si même je ne craignais point de paraître légèrement paradoxal, je dirais volontiers que, à mes yeux, l'idéal ce seraient des *Mémoires* où l'auteur parlerait de tout et de tous, excepté de lui.

On trouvera donc ici quantité de détails inédits, ou tout au moins fort peu connus, sur les événements menus ou gros, de cette brillante période théâtrale qui s'écoula de 1830 à 1855, pendant laquelle il se passa bien peu de faits littéraires importants dont je n'aie pris ma modeste part, et se produisit bien peu de personnages remarquables que je n'aie connus plus ou moins intimement. Ainsi, pour ne nommer que les plus illustres, j'ai vu de près et pratiqué presque quotidiennement à l'Opéra, Meyerbeer, à l'occasion des *Huguenots* et du *Prophète*; Halévy, au moment de *la Juive*, de *Charles VI* et du *Juif errant*; Rossini, pendant les représentations de *Robert Bruce*; Donizetti, lors de *la*

Favorite, des *Martyrs* et de *Don Sébastien*; Auber, Verdi, Adolphe Adam, Niedermeyer, Ambroise Thomas, Balfe, Clapisson, Gounod, Mermet, etc.

Au Français, j'ai connu de même Victor Hugo à l'occasion d'*Angelo*; Alexandre Dumas, à l'occasion de *Henri III*; Alfred de Vigny, à l'occasion de *Chatterton*; puis Scribe, Casimir Delavigne, Mazères, Duval, et cent autres. A la Renaissance, à la Porte-Saint-Martin, à l'Ambigu, je me suis trouvé en rapports presque quotidiens d'amitié et de collaboration avec Frédéric Soulié, Antony Béraud, d'Ennery, Clairville, etc.

Enfin, après les auteurs et les compositeurs, les interprètes : les célèbres chanteuses depuis Falcon, Stolz et l'Alboni, jusqu'à madame Viardot et Sophie Cruvelli ; les reines de la danse comme Fanny Elssler, Marie Taglioni, la Cerrito; les grands artistes de l'Opéra comme Nourrit, Duprez, Levasseur, Baroilhet; puis, pour la comédie et pour le drame, mademoiselle Mars et mademoiselle Georges, madame Dorval, mademoiselle Leverd, madame Arnould-Plessy, Frédérick-Lemaître, Ligier, Firmin, et quantité d'autres dont le nom a rempli les feuilles spéciales de ces cinquante dernières années.

Il y a là toute une époque théâtrale assez peu ou, plutôt, assez mal connue de la génération actuelle, et dont l'histoire anecdotique, racontée au jour le jour par un témoin impartial et sincère, présentera sans doute quelque intérêt.

Quant à moi personnellement, j'éviterai, avec autant de soin que d'autres le recherchent parfois, de mettre au premier plan ma modeste personnalité, et je ne parlerai de mes œuvres, de mes actes et de moi que lorsque les circonstances ne me permettront pas de faire autrement.

Ce n'est point seulement parce qu'il me semble absolument inutile d'entretenir le public de choses qui ne le regardent ni ne l'intéressent, c'est encore et surtout parce que je me suis juré bien souvent, en lisant les *Mémoires* de tel ou tel de mes contemporains, de ne point tomber dans le ridicule où ils sont tombés eux-mêmes, si jamais l'idée me venait de prendre la plume à mon tour et de raconter ce que j'ai pu voir.

Pour ce qui est de mon enfance, par exemple, je suppose que mes lecteurs se tiendront pour amplement satisfaits quand ils sauront que je suis né à Paris, rue du Mail, le 10 messidor an XI, ou le 29 juin 1803, et que mon père, Jean-

Fris Séchan, était marchand tailleur ; que je perdis de fort bonne heure mes parents, lesquels, d'ailleurs, n'avaient aucune fortune ; que j'appris les premiers éléments du dessin en suivant les cours d'une humble école de quartier, et que je fis enfin mon premier pas dans la carrière, que je ne devais plus quitter jusqu'à la fin de ma vie, en entrant à l'atelier du père Lefèvre, décorateur de la Porte-Saint-Martin.

Le brave père Lefèvre n'était pas sans mérite ; mais il commençait à ne plus être jeune et se reposait de plus en plus sur les jeunes gens de son atelier pour l'exécution de ses maquettes. Je puis dire, sans manquer à la modestie ni à la reconnaissance que je dois à mon premier patron, que j'aurais eu tous les droits de signer un certain nombre de décors qui portèrent son nom sur l'affiche, ceux de *Perrinet Leclerc*, de Lockroy et d'Anicet Bourgeois, par exemple, et particulièrement le plus intéressant, celui qui représente *une Vue du vieux Paris*, et qui fut exécuté tout entier sur mes dessins.

De l'atelier Lefèvre, où je restai quatre ou cinq années, je passai à l'atelier Ciceri, le premier et le plus connu à cette époque.

Bien qu'il ait été dépassé par un certain nombre de ses élèves, Ciceri eut le mérite d'attacher son nom au mouvement artistique qui modifia complètement les conditions de la décoration théâtrale, et la fit entrer dans la voie où elle devait rencontrer de si magnifiques et de si légitimes triomphes. C'est de Ciceri que date la rénovation romantique du décor en 1830, laquelle coïncida avec la rénovation ou la révolution littéraire et dramatique, dont les Victor Hugo, les Dumas, les Alfred de Vigny furent les principaux instigateurs. Avant Ciceri, les décorations de l'Opéra (Louvois) et des autres théâtres se traînaient encore dans la vieille ornière classique, où l'Olympe, avec son bagage d'amours, de carquois, de flèches, jouait le rôle important. Quelques hommes de talent cependant, Daguerre, Desgotis, avaient essayé de faire du nouveau ; mais tous leurs efforts n'avaient abouti qu'à ce que Stendhal appelait des miniatures maniérées sans effet et sans grandiose. C'est vraiment Ciceri qui, le premier, sut comprendre que le temps des vieux décors antiques et classiques était passé, et qui, en même temps, posa en principe que, dans une décoration, les détails spirituels et soigneusement exécutés devaient être sacrifiés à la masse et à l'effet.

Le nombre des décorations que signa Ciceri est très grand ; mais celle qui lui fit le plus d'honneur et qui demeurera son plus beau titre de gloire, c'est le fameux décor du cloître de Sainte-Rosalie, au troisième acte de *Robert le Diable*, dont Théophile Gautier disait : « C'est peut-être un blasphème, mais pour nous le cloître des nonnes, dans *Robert le Diable*, vaut, pour la magie, l'effet et le vague frisson du monde inconnu, la musique, à laquelle il ajoute la profondeur mystérieuse de ses arceaux. »

L'histoire de cette décoration est bien amusante. L'Opéra était alors entre les mains du célèbre docteur Véron, et c'était Duponchel, son futur successeur, qui était chargé de la direction des décors et des costumes.

Dans la première idée du poète et du musicien, la scène de pantomime et de danse du troisième acte, pendant laquelle Robert va cueillir le rameau-talisman, se passait dans un Olympe de fantaisie fourni par le magasin des décors. Ce fut Duponchel qui fit sentir au docteur Véron le ridicule de ces friperies classiques et lui proposa de les remplacer par le cloître encombré de tombeaux que l'on connaît. Le docteur Véron se laissa persuader et ouvrit à Duponchel un crédit illimité, dont celui-ci n'abusa pourtant point; car les dépenses totales des décorations de *Robert le Diable* sont portées sur les registres pour une somme de 43,543 francs.

Lorsque Ciceri livra son décor, le docteur Véron et Duponchel se montrèrent tout à fait ravis; mais il n'en fut point de même de Meyerbeer.

A la répétition générale, lorsque le rideau se leva au troisième acte, sur le cloître de Sainte-Rosalie, éclairé savamment de façon à simuler un clair de lune, l'illustre compositeur se tourna vers Véron et lui dit d'un air presque fâché :

— Tout cela est très beau ; mais vous ne croyez pas au succès de ma musique ; vous cherchez un succès de décorations.

— Attendez le quatrième acte ! répondit celui-ci.

Au quatrième acte, en effet, la toile se lève sur Isabelle, endormie dans un petit salon qu'on aurait pu croire emprunté au théâtre du Gymnase.

— Décidément, s'écria amèrement le pauvre Meyerbeer, qui avait rêvé pour la princesse de Sicile de vastes et grandioses appartements, décidément vous ne croyez pas à ma partition, vous n'avez pas osé faire la dépense d'une décoration !

A la première représentation, la scène des nonnes sortant de leurs tombeaux, sous les arceaux du cloître fantastiquement éclairé par la lune, produisit un effet prodigieux ; mais, en dépit des craintes de Meyerbeer, cet effet ne nuisit en rien à celui de la musique.

Ce fameux décor, quel que fut son succès, a peut-être été un peu trop vanté ; il n'approche point, ni comme exécution, ni surtout comme composition, des belles décorations des *Huguenots*, de *la Juive*, de *Stradella*, qui, quelques années plus tard, devaient attirer plus justement l'admiration des connaisseurs. Son véritable mérite est d'avoir ouvert la voie, où nous allions nous engager, nous autres jeunes gens, avec une fougue qui ne laissa point d'effrayer, tout d'abord, notre maître.

Sous l'influence des pièces romantiques de Hugo et de Dumas, nous sentions que l'étude de la couleur locale était devenue une nécessité au théâtre, que le temps était passé de ces à-peu-près vieillis et démodés qui seuls, jusqu'alors, étaient chargés de représenter indifféremment les lieux les plus divers. On voulait, maintenant, que les personnages de chaque pièce fussent montrés avec leurs véritables costumes et dans le milieu réel où ils avaient vécu.

Peut-être, dans les premiers moments surtout, nous laissâmes-nous entraîner par un zèle quelque peu excessif dans ce mouvement de réaction contre les décors inamovibles de l'antique convention théâtrale. Le moyen âge devint pour nous la véritable école artistique ; nous en étudiâmes, avec une passion irréfléchie, les costumes, l'architecture et, jusqu'aux moindres détails du mobilier. Plusieurs œuvres dramatiques nous fournirent l'occasion de donner des tableaux de cette époque d'une exactitude presque parfaite. Mais ce fut *Othello, Marion Delorme, Henri III et sa cour* qui, pour la première fois, nous permirent de transporter le spectateur au milieu même du temps où l'action se passait, et de montrer les personnages historiques encadrés dans une mise en scène absolument conforme à la réalité.

J'ai dit que notre maître Ciceri n'avait pas tardé à s'effrayer de notre audace, qui dépassait de beaucoup celle qu'il croyait avoir montrée lui-même. Aussi fûmes-nous bientôt forcés de nous séparer de lui. Nous nous réunîmes, quelques camarades d'atelier, Léon Feuchère, de Nîmes, Jules Diéterle, Despléchins et moi, et nous résolûmes de mettre en commun ce que nous avions d'intelligence, d'habileté acquise, et surtout d'ardeur juvénile, et de chercher à voler de nos propres ailes. Quant aux capitaux, à nous quatre nous n'en avions guère ; mais cela ne nous effraya point. Nous avions les quelques centaines de francs indispensables pour louer un local suffisant aux Menus-Plaisirs et payer les premières dépenses d'installation, et nous nous élançâmes gaiement dans la carrière.

Mais, avant de pousser plus loin, il faut bien dire ici quelques mots des agitations politiques qui troublèrent si profondément notre monde parisien à cette époque, de 1830 à 1833, et qui naturellement se firent sentir par contre-coup sur les hommes et les choses du théâtre.

Nombre d'artistes et d'hommes de lettres, les plus jeunes, les plus ardents, appartenaient alors au parti républicain et faisaient une opposition des plus vives au gouvernement du roi Louis-Philippe, auquel ils ne pouvaient point pardonner d'avoir escamoté à son profit la République. Un des principaux foyers d'opposition s'était formé et concentré dans les rangs de la légion d'artillerie de la garde nationale, et surtout dans la troisième et la quatrième batterie.

J'appartenais à la troisième, à *la Puritaine*, comme on l'avait baptisée, d'après son capitaine Jules Bastide, du *National*, connu par la passion avec laquelle il défendait ses idées religieuses ; Charles Thomas était notre capitaine en second, et, parmi les principaux servants, nous avions Carrel, Barthélemy Saint-Hilaire et Grégoire. Je vois encore la physionomie, douce et ferme à la fois, de Bastide, son visage pâle et long, ses cheveux noirs coupés court, sa moustache noire et bien fournie, ses yeux bleus empreints habituellement d'une grande expression de mélancolie. Avec sa grande taille, sa maigreur et la longueur exagérée de son cou, il avait l'air un peu gauche, bien qu'il fût d'une adresse peu commune et qu'il tirât l'épée et le pistolet avec une grande supériorité. Sa bravoure et son sang-froid au milieu des circonstances les plus critiques étaient inimaginables. Quant à Thomas, c'était un beau garçon d'une taille imposante, et dont les traits respiraient la loyauté, la franchise et le courage.

La deuxième batterie, *la Républicaine*, s'était donné pour capitaine en premier Guinard, et pour capitaine en second Godefroy Cavaignac ; ses servants les plus connus étaient Ferdinand Flocon, Guiaud, Gervais, Blaize, Darcel fils.

La quatrième batterie s'appelait *la Meurtrière*, à cause de la quantité de médecins qu'elle contenait ; entre autres Trélat, Laussedat, Jules Guyot, Montègre, Jourdan, Houet, Raspail et Bixio, qui n'était encore qu'étudiant en médecine. Parmi les autres *meurtriers*, il y avait encore Prosper Mérimée, Lacave-Laplagne, qui devint plus tard ministre des finances ; deux architectes, Ravoisié et Baltard, le futur général Desvaux, Bocage et Alexandre Dumas.

Ainsi organisée, la légion d'artillerie de la garde nationale était devenue vite populaire à Paris, principalement dans la classe ouvrière, et le gouvernement, par contre-coup, n'avait pas tardé à la considérer comme un danger permanent. On retrouvait, en effet, les membres les plus qualifiés de la légion dans toutes les échauffourées qui menacèrent d'ensanglanter la capitale à tant de reprises différentes, notamment le 21 décembre 1830, après le jugement des ministres, à l'enterrement du général Lamarque et à l'occasion du procès d'Avril 1834.

Je me souviens surtout de l'enterrement du général Lamarque, où je faillis jouer un rôle quasi tragique. Le général, que son attitude devant la Chambre avait rendu l'idole de la population parisienne, était mort du choléra[1] le 1ᵉʳ juin 1832, et le parti républicain avait résolu de rendre hommage à ce grand citoyen en entourant ses funérailles d'une solennité imposante. Naturellement, l'artillerie de la garde réclama la première place dans cette manifestation.

Le cortège, parti du faubourg Saint-Honoré, où était la maison mortuaire, traversa tous les boulevards pour gagner la gare d'Orléans, où le corps était attendu pour être transporté dans le

---

1. Je me souviens d'avoir vu rappeler quelque part que le fameux chanteur Garcia, le père de madame Malibran et de madame Viardot, était mort également ce jour-là, et probablement lui aussi, du choléra.

département des Landes. Tout alla bien jusqu'à la hauteur du boulevard Bourdon, malgré l'émotion croissante de la foule innombrable qui se pressait sur le passage des manifestants. Mais, là, ceux-ci se trouvèrent tout à coup en face des dragons de la caserne des Célestins ; des nuées de pierres ayant assailli les dragons et quelques coups de feu étant partis, on n'a jamais su d'où, les dragons chargèrent la foule.

C'est alors que Bastide et Thomas, croyant que le mouvement allait prendre encore plus d'extension, voulurent organiser la résistance. Je les suivis avec Dussart, Pescheux d'Herbinville, une douzaine d'élèves de l'École polytechnique, une vingtaine d'artilleurs et autant d'hommes du peuple, et nous organisâmes, en quelques minutes, une barricade à l'entrée de la rue Ménilmontant, non loin du chantier de bois à brûler que Bastide et Thomas avaient fondé de compte à demi (car ces deux hommes n'étaient point seulement des hommes de grand courage et des journalistes d'un talent remarquable, ils étaient, en outre, pleins d'activité et doués d'une aptitude toute particulière pour les affaires). Je me souviens qu'au moment où l'on annonça l'arrivée des dragons, Thomas monta debout sur la barricade, étalant sa grande taille et bravant à plaisir les balles des assaillants. Heureusement les dragons n'arrivèrent point jusque-là ; refoulés par des flots humains de gens mal armés mais intrépides, ils se replièrent par les rues de la Cerisaie et du Petit-Musc.

Cependant, nous attendîmes toute la nuit un retour offensif, la carabine sur l'épaule, et ce fut seulement le matin, lorsqu'on vint nous apprendre que le mouvement avait avorté, que, quittant la barricade, nous nous réfugiâmes chez Bastide et Thomas, qui nous firent échapper par une petite fenêtre donnant sur une ruelle.

A la suite de cette échauffourée, et bien qu'en somme je n'eusse point tiré un seul coup de fusil, mes amis jugèrent prudent que j'allasse faire un petit tour à l'étranger, le temps de me laisser oublier. Je partis donc pour la Suisse, où je restai trois mois. J'en profitai pour lever un certain nombre de croquis de Berne, de Bâle et de Zurich, que j'ai conservés comme souvenirs de mon exil plus ou moins volontaire. Après quoi, je revins à Paris, où je repris mes travaux de décoration pour ne plus les quitter.

II

Mes premières décorations. — *Richard Darlington*, à la Porte-Saint-Martin. — Une des choses les plus terribles que Dumas ait vues au théâtre! — « Eh! f...-la par la fenêtre! » — Frédérick-Lemaître, son génie, son véritable portrait. — Après Alexandre Dumas, Victor Hugo. — *Lucrèce Borgia*. — Victor Hugo décorateur. — L'auteur de *Lucrèce Borgia* expliqué par l'auteur d'*Indiana*.

Richard Darlington est la première œuvre théâtrale véritablement importante à laquelle j'ai apporté ma modeste part de collaboration, à titre de décorateur.

Le fameux drame d'Alexandre Dumas, l'un des plus applaudis de cette époque fertile en grands succès dramatiques, fut donné à la Porte-Saint-Martin le 10 décembre 1831. Il n'a guère été repris depuis, que je sache; aussi ne trouvera-t-on peut-être point superflu que nous en rappelions brièvement les principaux traits. En quelques lignes, c'est l'histoire d'un jeune ambitieux sans scrupules, qui tue sa première femme pour épouser une riche héritière, et dont la naissance est dévoilée au dénouement ; ce qui détermine sa chute au moment même où il se croyait assuré du triomphe : c'est son propre père, qui n'est autre que le bourreau, qui se charge de démasquer aux yeux de tous l'infamante origine du misérable aventurier.

Les décorations qu'on m'avait demandées servirent de cadre à deux des scènes les plus intéressantes et les plus mouvementées de la pièce. La première représentait la place publique de la ville de Darlington au moment de l'élection d'un membre du Parlement. Les deux tavernes louées par les deux concurrents, celle des *Armes du Roi* et celle de *Marlborough*, les *hustings* ou gradins, adossés aux maisons et occupés par la foule des électeurs, les drapeaux aux couleurs des deux rivaux, jaunes et bleus, accrochés aux fenêtres, tout cela formait un tableau animé, vivant, des mœurs électorales d'Angleterre. L'un des collaborateurs de Dumas, Beudin, avait eu occasion d'assister plusieurs fois à des scènes de ce genre, ce qui lui avait permis de tout arranger et de tout régler avec ce sentiment de la réalité qui ne s'invente point.

L'autre décoration représentait la chambre de Jenny, la femme dont l'ambitieux veut se débarrasser; cette chambre, où se passe la scène la plus poignante du drame, était située au premier étage d'une maison de campagne isolée, donnant d'un côté sur le bord d'une route, et de l'autre sur un abîme, dont on devinait l'immense profondeur lorsque la fenêtre du fond s'ouvrait.

On se souvient de la situation. Richard attend la riche héritière qu'il veut épouser, et le père de celle-ci. Personne ne sait qu'il est déjà marié, et non seulement il faut que l'on continue à l'ignorer, mais il est indispensable que sa malheureuse femme disparaisse pour laisser la place libre à son ambition. Celle-ci, troublée par de terribles pressentiments, terrifiée par les allures farouches et menaçantes de Richard, qui arpente la chambre d'un pas fiévreux, s'écrie :

— Qu'allez-vous faire ?

— Je n'en sais rien, répond Richard d'une voix sombre, mais priez Dieu !

JENNY.

Richard !

RICHARD, *lui mettant la main sur la bouche.*

Silence !... Ne les entendez-vous pas ?... ne les entendez-vous pas ?... Ils montent... Ils vont trouver une femme ici... *(Il court à la porte et la ferme à double tour.)*

JENNY, *courant au balcon.*

Au secours ! au secours !

RICHARD

Il faut qu'ils ne vous y trouvent pas, entendez-vous ?

JENNY, *à genoux.*

Pitié !... Pitié !...

RICHARD.

De la pitié, j'en ai eu.

JENNY, *essayant de crier.*

A moi !... *(On entend du bruit dans l'escalier. Richard ferme la croisée et se trouve en dehors du balcon).* A moi !

RICHARD

Malédiction !

(On entend un cri qui se répète dans le précipice. Richard rouvre la fenêtre ; il est seul sur le balcon ; il redescend pâle, s'essuie le front, et va ouvrir la porte.)

« C'est une des choses les plus terribles que j'aie vues au théâtre ! » disait lui-même le bon Dumas, avec son infatuation si bonhomme, qu'on ne pensait plus à s'en étonner.

Le soir de la première représentation, l'effet de cette scène, terrible en effet, fut tel qu'un immense frisson secoua toute la salle, et qu'un véritable cri de terreur fut poussé à la fois par les poitrines haletantes des deux mille spectateurs.

Dumas rencontra, ce soir-là, dans les couloirs Alfred de Musset, très pâle et très impressionné.

— Eh bien, lui demanda-t-il, qu'y a-t-il donc, cher poète?

— Il y a que j'étouffe, répondit Musset.

L'arrangement de cette scène terrifiante n'avait pas été sans coûter quelque peine à l'auteur, ou plutôt aux trois auteurs (car on sait que le nom de Dinaux, qui parut sur l'affiche à côté de celui de Dumas, cachait une double personnalité, celle de Goubaux et celle de Beudin).

La pièce était à peu près sur ses pieds, qu'on ne savait pas encore comment on ferait disparaître la femme de Richard. Beudin et Goubaux se creusaient la tête sans rien trouver; quant à Dumas, il s'occupait de tant de choses à la fois qu'à peine avait-il le temps de songer à l'infortunée Jenny.

Enfin, un jour que Goubaux venait le relancer pour la cinquième ou la sixième fois, et lui disait :

— Voyons, il faut trouver quelque chose : qu'est-ce que nous faisons de Jenny ?

— Eh! f....-la par la fenêtre! répondit Dumas impatienté.

Et comme le pauvre Goubaux, tout ébahi, faisait un haut-le-corps:

— Et pourquoi non, après tout? continua le brave Dumas, qui ne doutait jamais de rien.

— Mais, insista Goubaux, au deuxième acte, Richard casse déjà la tête de Jenny contre un meuble, et tu veux qu'au troisième il la jette par la fenêtre?

— Bah! laisse-moi faire; je te dis que tout s'arrangera!

C'est alors que Dumas imagina d'amener d'abord Jenny dans cette maison déserte située au bord d'un abîme; puis Richard, qui précède de quelque peu sa future femme, Caroline de Sylva, et le père de celle-ci. La vue de Jenny, que Richard croyait bien loin, le met hors de lui; affolé à la pensée d'être surpris avec elle, il la saisit et la précipite dans l'abîme.

L'idée une fois trouvée, il s'agissait maintenant de la faire passer, ce qui n'était point chose facile. Montrer Richard saisissant la pauvre Jenny tout éperdue et la traînant de force jusqu'à la fenêtre, il n'y fallait pas penser: le public n'aurait pas supporté la vue de cette horrible lutte.

En outre, comment empêcher le misérable, en enlevant sa femme pour la précipiter par-dessus le balcon, de montrer ses jambes aux spectateurs, et de risquer ainsi de les faire rire?

Mais Dumas était un véritable homme de théâtre. Il chercha et il trouva la scène telle qu'on l'a vue plus haut, c'est-à-dire qu'il nous montra Jenny fuyant éperdue devant l'allure menaçante de son mari et s'approchant elle-même de la porte-fenêtre pour appeler au secours. Richard n'avait plus alors qu'à la suivre, à la pousser un peu à droite, puis à reparaître seul.

Ce qui ne contribua pas peu à ajouter à l'effet d'horreur de cette scène poignante ce fut la réalité du jeu de Frédérick-Lemaître, qui tint le rôle de Richard et qui le tint admirablement. Mademoiselle Noblet, qui jouait Jenny, subit tellement elle-même son influence, qu'elle jeta de véritables cris d'épouvante; la fable avait pris pour elle toutes les proportions de la vérité. Inutile d'ajouter que cet incident ne nuisit point, bien au contraire, à l'impression générale. Mademoiselle Noblet, d'ailleurs, fut très remarquable dans son rôle, et le joua avec une tendresse, une poésie, un charme extraordinaires.

Deux autres artistes se firent également remarquer dans *Richard Darlington*, à côté de Frédérick-Lemaître : Doligny *(Tompson)* et Delafosse *(Mawbray)*. Ce dernier se montra surtout supérieur dans la scène où Mawbray attend, au coin d'un bois et pendant un effroyable orage, le passage de la chaise de poste dans laquelle Tompson enlève Jenny. Il y fit même preuve d'une rare présence d'esprit et para fort habilement à certain petit accident qui eût fort bien pu accrocher toute la pièce. Mawbray, dans cette scène, doit tuer Tompson d'un coup de feu; pour plus de sûreté, Delafosse avait pris deux pistolets au lieu d'un; mais ces deux pistolets, de véritables pistolets de théâtre, ratèrent l'un et l'autre! Heureusement, l'artiste ne perdit point la tête, il fit semblant de tirer un poignard de sa poche et tua d'un coup de poing Tompson, à qui il n'avait pu brûler la cervelle.

Mais, quelque talent que Doligny, Delafosse et mademoiselle Noblet déployèrent dans leurs rôles respectifs, ils furent tous trois rejetés dans l'ombre par l'incomparable succès de Frédérick, qui se montra réellement prodigieux dans ce rôle terrible de Richard. Bien qu'il fût le pilier sur lequel toute cette grande machine portait, il n'eut pas un moment de défaillance ; il sembla même communiquer à ses camarades sa force et son génie.

Frédérick-Lemaître était alors dans toute la fougue de son merveilleux talent. Inégal et sublime comme Kean, dont il devait, deux ou trois ans plus tard, reproduire la personnalité, on eût dit qu'il portait en lui le génie de la violence, de la force, de la colère, de l'ironie, du fantasque, de la bouffonnerie tout à la fois.

Dumas, qui ne l'aima jamais, ne tarissait pas d'admiration sur son talent et sur le zèle extraordinaire qu'il apportait à composer et à rendre les rôles qu'il avait une fois adoptés. En effet, quelque difficile, quelque insociable, quelque quinteux qu'il fût dans les relations de la vie, il n'en était pas moins homme de bon conseil à l'avant-scène, et, dans les observations qu'il formulait, il se préoccupait tout autant de la pièce que de son rôle, et de l'auteur que de lui-même.

La mort de ce grand artiste a fait reparaître quantité de racontars plus ou moins intéressants sur es divers incidents de sa longue et magnifique carrière. Quant aux portraits qu'on en a faits, celui qui nous a paru le plus exact et le plus sincère c'est le croquis qu'en a donné un de ses camarades, un de ceux qui l'ont le mieux connus, Laferrière.

D'après Laferrière, la beauté de Frédérick, au moment culminant de sa vie théâtrale, était indiscutable; mais elle n'avait point cette grandeur sévère qui faisait ressembler la tête de Talma à une médaille antique. Son geste, plein d'ampleur et de grandeur, manquait parfois de sobriété ; son organe inégal laissait échapper trop souvent des notes de tête d'un fâcheux effet, lorsque la passion n'y ajoutait pas ses flammes ; enfin il avait la prononciation difficile, ce qui ôtait à sa diction cette pureté et cette fermeté qui sont à la scène la moitié de la puissance ; mais, pour l'autre moitié, il l'avait tout entière ; il avait l'expression, et son silence était quelquefois plus éloquent que sa parole.

Marche, attitude, regards, monosyllabes, sourires, gestes et cris, le cri surtout ! c'étaient là, chez lui, de rares et de merveilleuses qualités. Comme il donnait de la valeur à chaque détail scénique! comme il savait écouter ! comme il savait entrer en scène! Avec quelle audace et quel bonheur il mêlait les détails du réalisme le plus vulgaire aux emportements de la plus fougueuse passion ! C'est bien lui qui pouvait dire que l'art ennoblit tout, et qui le prouvait chaque soir. Qui ne se souvient du cornet de papier dans lequel il prenait son tabac, au moment de l'une des scènes les plus terribles de *Trente ans ou la Vie d'un joueur* ? Qui ne se rappelle le châle de trois francs qu'il étalait soigneusement sur une chaise, au moment où *Paillasse* apprend que sa femme l'a quitté? Que de souvenirs de ce genre ne pourrait-on citer encore? car il fut peut-être plus remarquable par l'étonnante variété de ses inspirations, que par la profondeur de certaines d'entre elles.

C'est Théophile Gautier qui a dit : « Les autres comédiens sont des masques, Frédérick est un homme. »

Le génie de Frédérick-Lemaître agrandissait tout ce qu'il touchait. Il transformait les personnages les plus vulgaires en figures épiques. Pour lui, il n'y avait pas de rôles faux ; car, sous les mots et les situations, il voyait la vie et la dégageait, tout en sachant maintenir l'extravagance, l'énergie et la justesse, si rares même dans l'expression de la vérité.

Et quelle préméditation, quelle étude, quelle science, quelle puissante minutie dans la composition, dans les détails, dans les moindres accessoires de chacune de ses créations ! Il n'interprétait pas seulement, il inventait. Quand il ne créait pas une existence entière, il imaginait toute sorte de choses, sinistres ou bouffonnes, qui accentuaient une physionomie au point de la rendre inoubliable. C'est ainsi qu'il ne reprit pas une fois *l'Auberge des Adrets* sans introduire dans cette pièce quelque trait nouveau, piquant, opportun, qui la rajeunissait et lui donnait le ragoût de l'actualité ; témoin cette fantaisiste réplique qu'il se permit du temps de Louis-Philippe :

— Vous dites donc, demandait Robert Macaire aux gendarmes, que l'homme assassiné avait nom...

— Germeuil.

— Cerfeuil ! Ah ! il s'appelait Cerfeuil !... Eh bien, mais, alors, l'affaire me paraît être du ressort de M. Persil !

Et, comme M. Persil était à cette époque garde des sceaux et ministre de la justice, toute la salle éclatait de rire.

Pour en revenir à *Richard Darlington*, malgré ses innombrables autres succès, ce rôle demeura toujours un des plus extraordinaires de Frédérick-Lemaître.

Encore un mot maintenant, avant de passer à une autre pièce, sur les auteurs de ce fameux drame. Je rappelais tout à l'heure que le nom de Dinaux cachait pour *Richard Darlington*, comme il le fit plus tard pour *Trente ans ou la Vie d'un joueur*, pour les *Mystères de Paris* et d'autres pièces encore, deux personnalités différentes : Goubaux et Beudin (Beudin ayant donné le *din* et Goubaux l'*aux*, qui, réunis, formèrent *Dinaux*). Beudin, d'abord banquier, puis député, abandonna définitivement le théâtre pour la politique, laissant à son collaborateur la jouissance exclusive du pseudonyme qu'ils avaient rendu célèbre à eux deux. Quant à Goubaux, il était simplement directeur d'une pension où la plupart des écrivains en renom de l'époque firent étudier leurs enfants. Le poète (?) Belmontet, l'avocat Michel (de Bourges) y étaient professeurs, ainsi que l'acteur Guyon, le Talma du boulevard, et le mari de madame Émilie Guyon. Dumas fils passa par l'institution Goubaux, qui ne paraît pas d'ailleurs lui avoir laissé des souvenirs bien agréables, si nous en croyons les descriptions qu'il en a données dans *l'Affaire Clémenceau.*

Plus tard, paraît-il, la Ville racheta à Goubaux son institution avec le terrain qu'elle occupait, et y installa le collège Chaptal, dont elle lui laissa la direction.

Mais il est temps de quitter définitivement *Richard Darlington* et d'arriver au second grand événement littéraire de cette même année, à *Lucrèce Borgia,* pour laquelle on me demanda deux décorations importantes.

Après Dumas, Victor Hugo. Après *Richard Darlington, Lucrèce Borgia.* On voit que, pour un débutant dans la carrière, je n'étais point trop mal partagé.

Il m'arriva même une bonne fortune assez originale à ce propos, celle d'être corrigé et revu de la main même de l'illustre poète. Voici à quelle occasion.

Le programme, en ce qui concernait la mise

en scène et les décorations, était de ne rien négliger pour arriver à une exactitude et à une richesse qui fissent revivre à souhait pour le plaisir des yeux toute cette splendide Italie de la Renaissance.

Le décor du second acte représentait une salle du palais ducal de Ferrare, avec de riches tentures et un ameublement magnifique dans le goût de la fin du quinzième siècle en Italie. Par suite de je ne sais quelles circonstances, ce décor n'avait pu être terminé que le jour même de la première représentation, de sorte que l'auteur ne le connaissait pas encore lorsqu'on le posa le soir. En le voyant, il remarqua tout de suite que la porte dérobée, par où Lucrèce Borgia allait faire évader Gennaro, était splendide.

— Cette porte est absurde, dit-il.

— C'est vrai, appuya le directeur, qui cependant s'en était montré fort enchanté jusqu'alors. On leur demande une porte dérobée, et ils vous font une porte qui crève les yeux.

— M. Séchan est-il au théâtre ?

On me chercha partout. Mais, bien que je fusse dans la salle, on ne me trouva point. Cependant les minutes s'écoulaient et l'entr'acte avait déjà trop duré.

— Y a-il de la couleur? demanda Victor Hugo.

— Oui, les peintres ont travaillé ici toute la journée et n'ont rien emporté.

— Allez me chercher les pots et les brosses.

On apporta ce qu'il fallait, et, de la même main qui avait écrit les admirables vers que l'on sait, l'auteur de *Lucrèce Borgia* se mit à repeindre lui-même sa décoration. La tenture de la salle était rouge à filets d'or; il recouvrit de rouge les sculptures de la porte et continua les filets d'or, de manière que la porte se confondît avec le reste de la tenture.

Et voilà comment non seulement je fus le collaborateur de Victor Hugo, mais comment encore il fut le mien.

On sait, d'ailleurs, que l'illustre poète a semé un peu partout des dessins à la plume qui ne manquent ni d'effet ni de saveur, au point de vue décoratif surtout. C'est une de ses grandes distractions et sa *toquade* de prédilection, ajouterais-je, si je n'avais point peur de paraître légèrement irrespectueux.

— Ah ! si je n'avais pas eu le goût des vers quel architecte-décorateur j'eusse fait ! disait-il un jour, du même ton convaincu que Rossini s'écriait :

— Quel dommage que j'aie mal tourné ! Personne n'aurait fait le macaroni mieux que moi !

Quant à la pièce, elle est dans toutes les mémoires, ce qui me dispensera d'en parler longuement.

Quelques mots seulement sur les circonstances dans lesquelles *Lucrèce Borgia* fut improvisée au commencement de 1833.

Le Théâtre-Français avait donné à la fin de 1832 la première et unique représentation du *Roi s'amuse*. Cette représentation avait été une rude bataille, et s'était continuée et achevée entre une tempête de sifflets et une tempête de bravos. Aux représentations suivantes, qu'est-ce qui allait l'emporter des bravos ou des sifflets? Grande question, importante épreuve pour l'auteur.

Il n'y eut pas de représentations suivantes.

Le lendemain de la première représentation, *le Roi s'amuse* était interdit « par ordre » et il attendit cinquante ans sa seconde représentation[1]. Il est vrai qu'on a joué partout, à Paris et à l'étranger, *Rigoletto*.

Cette confiscation brutale portait au poète un préjudice immense. Il y eut là, pour lui, un cruel moment de douleur et de colère.

Mais, dans ce même temps, Harel, le directeur de la Porte-Saint-Martin, vint lui demander un drame pour son théâtre et pour mademoiselle Georges. Seulement, ce drame, il le lui fallait tout de suite, et *Lucrèce Borgia* n'était construite que dans le cerveau de Victor Hugo ; l'exécution n'en était pas même commencée.

N'importe ! Lui aussi, il voulut tout de suite sa revanche ; il se dit à lui-même ce qu'il a dit depuis au public, dans la préface même de *Lucrèce Borgia* :

« Mettre au jour un nouveau drame, six semaines après le drame proscrit, ce sera encore une manière de dire son fait au gouvernement. Ce sera lui montrer qu'il perd sa peine. Ce sera lui prouver que l'art et la liberté peuvent re-

---

1. Au moment où ces lignes paraissent, cette seconde représentation, si longtemps attendue, a été donnée, à cinquante ans de distance de la première, avec le retentissement et l'éclat que l'on sait. — A. B.

pousser en une nuit sous le pied maladroit qui les écrase. »

Il se mit aussitôt à l'œuvre. En six semaines, son nouveau drame est écrit, appris, répété, joué.

La première représentation eut lieu le 2 février 1833, deux mois après la bataille du *Roi s'amuse,* avec Frédérick-Lemaître dans le rôle de Gennaro, mademoiselle Georges dans celui de dona Lucrezia Borgia, Delafosse dans don Alphonse d'Este, Provost dans Gubetta, et mademoiselle Juliette Drouet dans la princesse Negroni.

George Sand, fort peu connue alors, assistait à la première représentation, ainsi qu'elle l'a raconté elle-même :

« J'étais au balcon, dit-elle, et le hasard m'avait placée à côté de Bocage, que je voyais, ce jour-là, pour la première fois. Nous étions, lui et moi, des étrangers l'un pour l'autre. L'enthousiasme commun nous fit amis. Nous applaudissions ensemble ; nous disions ensemble : « Est-ce beau ! » Dans les entr'actes, nous ne pouvions nous empêcher de nous parler, de nous extasier, de nous rappeler réciproquement tel passage ou telle scène.

» Il y avait alors dans les esprits une conviction et une passion littéraires, qui, tout de suite, nous donnaient la même âme, et créaient comme une fraternité de l'art.

» A la fin du drame, quand le rideau se baissa sur le cri tragique : « Je suis ta mère! » nos mains furent vite l'une dans l'autre. Elles y sont restées jusqu'à la mort de ce grand artiste, de ce cher ami. »

Trente-sept ans plus tard, jour pour jour, c'est-à-dire, le 2 février 1870, on donnait sur ce même théâtre de la Porte-Saint-Martin, la première représentation de la reprise de *Lucrèce Borgia*, pour laquelle l'interdit venait enfin d'être levé.

George Sand vint tout exprès de Nohant pour assister à cette solennité littéraire, qui lui rappelait les meilleurs souvenirs de sa jeunesse, et voici ce qu'elle écrivait le lendemain à l'illustre auteur, encore absent dans son exil de Guernesey :

« Le drame n'a pas vieilli d'un jour, il n'a pas un pli, pas une ride. Cette belle forme, aussi nette et aussi ferme que du marbre de Paros, est restée absolument intacte et pure.

» Et puis, vous avez touché là, vous avez exprimé là, avec votre incomparable magie, le sentiment qui nous prend le plus aux entrailles; vous avez incarné et réalisé « la mère ». C'est éternel comme le cœur.

» *Lucrèce Borgia* est peut-être, dans tout votre théâtre, l'œuvre la plus puissante et la plus haute. Si *Ruy Blas* est, par excellence, le drame heureux et brillant, l'idée de *Lucrèce Borgia* est plus pathétique, plus saisissante et plus profondément humaine.

» Ce que j'admire surtout, c'est la simplicité hardie qui, sur les robustes assises de trois situations capitales, a bâti ce grand drame. Le théâtre antique procédait avec cette largeur calme et forte.

» Trois actes, trois scènes, suffisent à poser, à nouer et à dénouer cette étonnante action :

» La mère insultée en présence du fils;

» Le fils empoisonné par la mère;

» La mère punie et tuée par le fils.

» La superbe trilogie a dû être coulée d'un seul jet, comme un groupe de bronze. Elle l'a été, n'est-ce pas?...

» Il est tout simple que cette œuvre d'une seule

venue soit solide, indestructible et à jamais durable, et qu'on l'ait applaudie hier comme on l'a applaudie il y a quarante ans, comme on l'applaudira dans quarante ans encore, comme on l'applaudira toujours.

» L'effet, très grand dès le premier acte, a grandi de scène en scène, et a eu, au dernier acte, toute son explosion.

» Chose étrange! ce dernier acte, on le connaît, on le sait par cœur, on attend l'entrée des moines, on attend l'apparition de Lucrèce Borgia, on attend le coup de couteau de Gennaro.

» Eh bien, on est pourtant saisi, terrifié, haletant, comme si on ignorait tout ce qui va se passer; la première note du *De Profundis* coupant la chanson à boire vous fait passer un frisson dans les veines; on espère que Lucrèce Borgia sera reconnue et pardonnée par son fils; on espère que Gennaro ne tuera pas sa mère. Mais non, vous ne le voudrez pas, maître inflexible; il faut que le crime soit expié, il faut que le parricide aveugle châtie et venge tous ces forfaits, aveugles aussi peut-être... »

Victor Hugo jugé par George Sand, l'auteur de *Lucrèce Borgia* apprécié, commenté, expliqué par l'auteur d'*Indiana*, n'est-ce pas un spectacle curieux et instructif? Et n'y a-t-il pas quelque chose de particulièrement noble et touchant dans cette voix éloquente se faisant l'écho des acclamations de la foule qui criait : « Vive Victor Hugo ! » et qui appelait l'auteur, comme s'il allait venir, comme s'il pouvait l'entendre ?

Quelques mois plus tard, l'exilé rentrait dans sa patrie et reprenait sa place au milieu de ce peuple, si bien en communion d'idées avec lui; mais dans quelles circonstances terribles ? Il n'est personne qui l'ait déjà oublié.

III

Les Enfants d'Édouard. — Casimir Delavigne a été proprement le poète de la classe moyenne. — Casimir Delavigne et Paul Delaroche. — *Sylla.* — M. de Jouy et Talma. — *L'Ermite de la Chaussée-d'Antin.* — « *Sylla !* un succès de perruque ! » — Talma, son génie, sa beauté olympienne. — Talma en déshabillé. — Sa mort. — Un mot sur Duchesnois. — *Le Tasse* d'Alexandre Duval. — Firmin.

Au commencement de 1833, lors de la première représentation des *Enfants d'Édouard* au Théâtre-Français (18 mai 1833), Casimir Delavigne était en pleine possession de sa popularité, sinon de sa gloire.

Je ne l'avais jamais vu lorsque je fus chargé

des principales décorations de sa tragédie et notamment de la chambre royale où les deux jeunes princes sont massacrés.

Au premier moment, avec sa tête beaucoup trop grosse pour son petit corps, avec son aspect chétif et souffreteux, il me fit un effet assez désagréable ; mais la largeur de son front, l'intelligence qui brillait dans ses yeux et surtout l'affabilité souriante de sa bouche ne tardèrent pas à me faire revenir sur cette première impression. Il avait aussi dans le regard quelque chose de très particulier : se trouvait-il en face d'un objet ou d'un homme qui lui fussent étrangers, il clignait d'abord des yeux, ce qui lui donnait l'air assez impertinent ; mais bientôt ses paupières se relevaient sous ses sourcils, tout son visage s'illuminait et ses yeux n'exprimaient plus qu'une bienveillance familière et tout à fait charmante. Malgré tout son esprit, sa conversation, douce et affectueuse, était tiède et incolore ; le geste manquait de grandeur et l'intonation de puissance. Rien, ni dans sa personne ni dans sa parole, qui attirât le regard. Il fallait savoir que c'était Casimir Delavigne pour faire attention à lui.

Et pourtant, à ce moment-là, Casimir Delavigne était une puissance. Très bien reçu aux Tuileries, il n'aurait tenu qu'à lui d'être comblé de titres et d'honneurs ; mais il ne demanda jamais rien que pour les autres, et, quant à lui, il n'a été qu'un poète et n'a voulu être que cela. C'est peut-être là le trait qui l'honore le plus.

Chose curieuse, ce qui avait fait sa popularité, dans les dernières années de Charles X, c'était moins encore les *Messéniennes*, les *Vêpres siciliennes*, les *Comédiens*, le *Paria*, que le besoin qu'avait l'opposition d'un poète libéral pour l'opposer à Lamartine et à Victor Hugo, poètes royalistes à cette époque.

Une autre raison du succès de Casimir Delavigne, c'est qu'il a été proprement le poète de la classe moyenne (le mot est de Sainte-Beuve). Il lui allait en tout, il ne laissa jamais rien échapper de ses mérites, car chez lui rien ne la dépasse.

Ce succès, cette popularité, Casimir Delavigne les a peut être payés un peu cher ; car l'oubli dédaigneux, où il est de mode de le laisser aujourd'hui, dépasse la mesure. Le manque d'envergure de ses pièces ne doit pas faire oublier les qualités réelles qu'il avait reçues de la nature. A défaut de l'invention dramatique, il possédait une remarquable facilité de versification, qui rarement, il est vrai, s'élève jusqu'à la poésie, mais qui ne tombe jamais jusqu'aux vers flasques et incolores. Rappelons aussi le soin qu'il apportait à chacune de ses œuvres et son irréprochable probité littéraire.

Son grand malheur fut d'arriver juste au moment précis pour servir de trait d'union entre la vieille école et l'école nouvelle ; c'est pour cela que ses œuvres sont bâtardes et ont toutes une faiblesse de complexion qui les condamnait à une mort prématurée.

Il se rendait si bien compte lui-même de cela, qu'en dépit de sa nature débonnaire qui ne lui permettait de haïr personne, il ne put jamais se défendre d'un éloignement très vif pour les chefs de l'école nouvelle, qu'il rencontrait sans cesse sur son chemin, au Théâtre-Français et sur les théâtres d'ordre secondaire.

Il sentait parfaitement qu'il n'avait ni la haute poésie de Victor Hugo, ni le mouvement et la vie d'Alexandre Dumas ; aussi se trouvait-il mal à l'aise dans leur voisinage.

— C'est mauvais, ce que fait ce diable de Dumas, disait-il ; mais cela empêche de trouver bon ce que je fais. »

Quant à Hugo, il le méconnaissait davantage encore, probablement parce qu'il le redoutait bien plus. Il poussa si loin l'aveugle dédain où il le tenait, que, lorsque celui-ci se présenta à l'Académie, il lui refusa obstinément sa voix.

Cet acharnement était d'autant plus extraordinaire chez Casimir Delavigne qu'il était, par nature, d'une modestie exagérée. Sa méfiance de sa propre valeur et sa soumission aux idées, aux jugements des autres, étaient telles, que son talent lui-même en fut diminué. Bien que son imagination, enfermée dans des limites un peu étroites, eût bien plutôt besoin d'être excitée que retenue, il s'était créé à lui-même, dans sa famille et parmi ses amis, une espèce de bureau de censure, une manière de comité de répression, chargé de veiller à ce que son imagination ne fît point d'écarts. Ce funeste entourage se composait de ses deux frères, Germain et Fortuné Delavigne, de Gustave de Wailly, de Jules de Wailly et d'un certain nombre d'amis, tous gens de conscience à leur point de vue, tous gens d'esprit entre eux, bons professeurs, honnêtes savants, respectables philologues, mais poètes médiocres, qui ne songeaient qu'a se cramponner à ses jambes, de peur qu'il ne s'élevât au delà des zones où leur courte vue ne pouvait le suivre. Cet aréopage, inférieur comme sentiment et surtout comme expression à Casimir Delavigne, châtiait rigoureusement le peu qu'il avait de pittoresque dans la forme et d'imagination dans le fond. Il est permis de supposer que, débarrassé de cet entourage qui le comprimait, Casimir Delavigne aurait donné à ses œuvres un accent plus personnel et partant plus vivant.

Les Enfants d'Édouard sont certainement l'une des pièces les plus faibles du théâtre de Casimir Delavigne. Elle participe à la fois des deux écoles : de l'école classique par sa forme dominante, qui était dans la nature du talent de l'auteur, et de l'école romantique par la traduction affaiblie de plusieurs scènes du *Richard III* de Shakspeare. Elle est vide d'intrigue, faible de contexture, pénible dans son exposition, lente dans sa marche ; elle ne contient qu'une situation, et n'a qu'un mérite, celui d'être presque toujours bien écrite. En somme, elle a la froideur régulière d'une œuvre dramatique de commande, et elle ne présente que l'intérêt d'un tableau.

On sait, au surplus, que la pièce fut directement, trop directement, inspirée par le tableau de Paul Delaroche, un des plus grands succès du Salon de 1831. Il est visible, en effet, que l'auteur chercha moins à remuer profondément les cœurs qu'à partager le succès du peintre en flattant, comme lui, le sentimentalisme des bourgeois, et qu'au lieu de faire revivre le drame sublime de Shakespeare, il n'eut pas d'autre but que d'arriver à faire un tableau vivant, encadré par le manteau d'arlequin du Théâtre-Français et représentant avec une scrupuleuse exactitude, à la manière d'un trompe-l'œil, la toile de Delaroche.

Casimir Delavigne avait écrit à la première page de la brochure la dédicace suivante : « A mon ami Paul Delaroche, ma tragédie des *Enfants d'Édouard* ». On peut dire que le poète ne fit que restituer son bien au peintre.

Les nombreuses analogies de ces deux hommes ont frappé tout le monde, et l'on s'est plu souvent à rapprocher leurs noms, comme on accouplait souvent ceux de Victor Hugo et d'Eugène Delacroix, ceux d'Alexandre Dumas et d'Horace Vernet, etc.

« Casimir Delavigne de la peinture, a dit Théophile Gautier, Paul Delaroche, par de sages concessions, par de prudentes hardiesses, par une sorte de romantisme bourgeois, compromettait et détournait le grand mouvement conduit par Victor Hugo et Eugène Delacroix. Toujours préoccupé du sujet outre mesure, il cherchait l'intérêt, chose tout à fait secondaire en art. Il a mis le drame dans la peinture. Chacun de ses tableaux est un cinquième acte de mélodrame ou de tragédie, en bas duquel on pourrait écrire comme indication finale : « La toile » tombe. » Sa *Jane Grey* est une toile romantique à la façon de Casimir Delavigne, avec lequel Paul Delaroche avait, du reste, plus d'un rapport ; le peintre et le poète pouvaient se prêter des sujets de tragédie et de tableau ; ils entendaient l'art de la même manière. Aussi tous deux ont-ils remporté, de leur vivant, ce succès populaire que n'obtient par toujours l'art sérieux. »

Avec sa bonhomie goguenarde, Alexandre Dumas a fait le même rapprochement :

« Delaroche est le peintre adroit par excellence. Il possède l'adresse de Casimir Delavigne, avec lequel il a toute sorte de points de ressemblance, quoique, à notre avis, il nous semble plus fort, comme peintre, que Casimir Delavigne comme auteur dramatique... »

Et encore :

« Delaroche a le défaut d'être trop adroit. Cela ne satisfait pas extrêmement l'artiste, mais cela plaît considérablement aux bourgeois. A côté de cela, tout ce que Delaroche peut mettre de conscience dans son œuvre, il l'y met. C'est encore un autre point de ressemblance qu'il a avec Casimir Delavigne ; seulement, il ne se vide pas comme lui jusqu'au fond : il ne lui faut pas, comme à Delavigne, des amis pour reprendre la force et la vie ; il est plus abondant. Casimir Delavigne est malingre ; Delaroche n'est que quinteux... »

Dans le même ordre d'idées, voici un rapprochement assez inattendu entre Casimir Delavigne, Paul Delaroche et Meyerbeer, que nous trouvons dans une page peu connue d'un critique, célèbre par la sûreté, plus encore que par la malveillance, de ses jugements, Gustave Planche :

« M. Meyerbeer n'a pas réconcilié l'école allemande et l'école italienne dans l'école française[1] ; il n'a pas réuni en lui Mozart et Cimarosa. Il a tenté, il est vrai, d'allier et de confondre le style de plusieurs écoles, mais cette tentative a eu, dans l'ordre musical, le même succès que dans l'ordre pittoresque et dans l'ordre littéraire. M. Meyerbeer est entré dans la famille de Paul Delaroche et de Casimir Delavigne. D'épreuve en épreuve, il est arrivé comme eux à perdre sa virilité. Il représente Mozart et Cimarosa, comme Delaroche, Raphaël et Rubens, comme Casimir Delavigne, Racine et Shakespeare. *Don Juan d'Autriche* et *Jeanne Grey* se placent au même rang que *les Huguenots*. Casimir Delavigne et Paul Delaroche se sont défiés d'eux-mêmes comme Meyerbeer, et, comme lui, ils ont appelé à leur secours les préceptes contradictoires de plusieurs écoles. Livrés à eux-mêmes, ils ne seraient pas devenus des artistes

1. Ceci a été écrit après *les Huguenots*.

de premier ordre, mais du moins ils seraient restés fidèles à leur nature; ils auraient une physionomie individuelle et ne se confondraient pas avec le troupeau innombrable des imitateurs passés et futurs; ils seraient médiocres à leur manière. En offrant au public un échantillon de tous les styles, ils n'ont pas consulté le bon sens, mais ils ont prouvé qu'ils connaissaient bien le caractère de la nation française. Nous sommes malheureusement un peuple de jugeurs, et, le plus sûr moyen de nous désarmer, c'est d'offrir à notre vanité libertine l'occasion d'une facile victoire. Pourvu que nous ayons quelques souvenirs à citer, nous nous laissons aller à l'indulgence; nous pardonnons au poète et au peintre les plagiats que nous indiquons.

» Aux yeux du public français, Meyerbeer a donc raison, comme Casimir Delavigne et Paul Delaroche; comme eux, il réussit par des moyens négatifs; mais aucun de ces trois noms n'entrera dans l'histoire de l'invention; ils auront la vogue et passeront à côté de la gloire. »

Il n'est que juste d'ajouter — et je les ai connus assez tous deux pour avoir le droit de leur rendre ce témoignage — que, si chez Casimir Delavigne et Paul Delaroche l'auteur dramatique et le peintre prêtaient largement le flanc à la critique, comme hommes privés, l'honorabilité de leur caractère et la dignité de leur vie furent toujours au-dessus de tout éloge.

Une autre figure littéraire, bien curieuse également, qu'il me fut donné de connaître à la fin de cette même année 1833, c'est celle de M. de Jouy, le célèbre *Ermite de la Chaussée-d'Antin*.

Ce fut à l'occasion de la reprise de *Sylla*, qu'on donna au Théâtre-Français en septembre 1833, et pour laquelle on m'avait demandé deux décorations, entre autres celle du cinquième acte, où se passe la fameuse scène de l'abdication, et qui représentait le Forum romain, avec les rostres et la tribune aux harangues d'un côté, le peuple au fond du théâtre, et les avenues menant au Forum occupées toutes par les soldats.

M. de Jouy était alors un grand vieillard de soixante-neuf ans, de haute taille, avec une belle tête toute blanche, et des yeux à la fois spirituels et bienveillants.

Sylla avait été le grand succès littéraire de

M. de Jouy. Ses Chroniques de la *Gazette*, signées : « L'Ermite de la Chaussée-d'Antin », l'avaient rendu très populaire; mais ce fut *Sylla* qui le fit presque illustre.

C'était, du reste, une physionomie intéressante, l'une des plus intéressantes de la Restauration, que celle de M. de Jouy. Sa jeunesse avait été traversée par des aventures de toute sorte; après avoir servi dans la marine et s'être bravement battu en Amérique et dans l'Inde, il était revenu en France en 1790 et avait fait les premières campagnes de la Révolution. En 1797, il avait quitté l'armée pour se consacrer aux lettres. Il débuta par quelques vaudevilles assez applaudis; mais ce fut *la Vestale* qui le sortit de pair. Il donna ensuite *Fernand Cortez*, avec Spontini (1808), *les Bayadères* avec Catel (1810), *les Amazones* et *les Abencerrages* avec Chérubini (1812 et 1813); puis *Tippo-Saëb*, assez médiocre tragédie, représentée au Théâtre-Français, le 27 janvier 1813.

En même temps, il écrivait dans la *Gazette* ses fameuses chroniques, qui le classèrent promptement au premier rang des hommes de lettres de son temps. Ce n'étaient pourtant que de légères esquisses de mœurs parisiennes, qui amusèrent le public et piquèrent la curiosité d'une façon incroyable; il faut se reporter à cette époque de compression politique et littéraire, où le métier d'écrivain était des plus difficiles, pour se rendre compte aujourd'hui du succès de vogue qui accueillit les délicates allusions risquées par l'habile écrivain, à la faveur de précautions inimaginables.

Charles Monselet a donné un joli croquis de M. de Jouy dans ses *Ressuscités* : « Il fut, dit-il le premier feuilletoniste *de genre* de ce temps-là. Il retroussa ses manchettes, comme faisait le comte de Buffon, et se prit à nous raconter, en petits tableaux anodins, les mœurs et la société auxquelles il avait l'honneur d'appartenir. Pour cela, il s'y prit le plus galamment et le plus discrètement possible, frappant toujours à la porte avant d'entrer, et criant à la jolie femme par le trou de la serrure : « Madame,
» ayez l'obligeance de vous vêtir, je viens vous
» peindre en déshabillé. » Ce fut ainsi qu'il pénétra dans l'étude du notaire et dans le boudoir de l'actrice, dans le cabinet du magistrat et dans l'atelier de la grisette; partout, en un mot, où

y a une patte de lièvre à gratter ou un bouton
à tourner longuement. Puis, une fois entré, il
plaça son chevalet dans le jour le plus favorable,
choisit ses couleurs les plus flatteuses, pria le
modèle de prendre la pose qui lui seyait le
mieux, — et fit alors ce Musée officiel que nous
savons, et dont les premiers portraits eurent un
si grand retentissement. Mais, partout où il
n'y eut pas moyen de se faire annoncer ou de
frapper, c'est-à-dire là où la porte demeure
toujours ouverte, M. de Jouy recula dédaigneu-
sement, en se disant que son ton et son bel
esprit n'avaient rien à faire en un tel lieu. Il
préféra laisser sa galerie incomplète, plutôt que
de la compléter avec de grossières peintures de
guinguettes et de cabarets. En descendant les
marches qui vont à ces caveaux, peut-être se
fût-il exposé à rencontrer quelqu'un de ces
ivrognes, comme Hoffmann l'Allemand, par
exemple; et qu'eussent dit, je vous le demande,
ses élégantes en turbans à plumes et ses musca-
dins en chapeau de paille de riz? Cela n'empêche
pas M. de Jouy d'être un homme de beaucoup
d'esprit. Il a eu l'esprit du succès. Il venait après
Rétif de la Bretonne, ce charbonnier de mœurs,

qui a suffisamment expié *les Contemporaines* et
les Nuits de Paris. Il a eu de l'élégance, de la
finesse, de l'observation, du tact, alors que
c'était chose presque nouvelle. Brossez et faites
retoucher un peu ses toiles, et il vous restera
d'agréables cadres d'antichambre, dont il ne faut
pas trop faire fi. »

Au retour des Bourbons, la cour eut un
instant la velléité de s'attacher les gens de lettres, et notamment M. de Jouy, le premier ou
du moins le plus en vue de tous; mais les négociations ne purent aboutir, du moins quant à
M. de Jouy. Les mauvaises langues parlaient
alors d'une croix de Saint-Louis qui aurait été
promise d'abord, puis refusée. Bref, M. de Jouy
se jeta dans l'opposition et se fit le chaud défenseur des idées libérales ; il écrivit dans la
Biographie, dans *le Constitutionnel*, dans *la Minerve*, et dans une foule de petits journaux, des
articles qui lui valurent quelques mois de prison et doublèrent sa popularité.

Cette popularité prit les proportions d'une
gloire véritable lorsqu'il eut donné *Sylla* au
Théâtre-Français. Bien que cette tragédie ne
manquât ni de beaux vers, ni de grandes situa-

tions, et qu'elle contint quelques scènes remarquables et surtout un dénouement audacieux de simplicité, la véritable raison de son succès ce furent les allusions politiques qu'elle fournissait à l'opinion publique.

A ce moment (1821), Napoléon était à Sainte-Hélène, et son souvenir était encore présent dans toutes les mémoires. Mais c'était la première fois qu'on osait rappeler cette grande figure. M. de Jouy eut la gloire d'être le premier à déshabiller cette ombre auguste, et son exemple ne tarda pas à être suivi de toutes parts. Avec une habileté parfaite, il sut tirer parti des analogies qui se présentaient d'elles-mêmes et les faire tourner au succès de son œuvre. L'abdication de Sylla rappelait celle de Fontainebleau, et, sur la partie vulgaire du public, cette ressemblance entre le dictateur moderne et le dictateur antique produisit un immense effet. La censure de 1821 trouva même cette ressemblance trop grande et coupa les vers suivants, dans lesquels elle croyait reconnaître tour à tour Bonaparte premier consul et Napoléon empereur. D'abord pour Bonaparte :

C'était trop peu pour moi des lauriers de la guerre,
Je voulais une gloire et plus pure et plus chère.

> Rome, en proie aux fureurs des partis triomphants,
> Mourante sous les coups de ses propres enfants,
> Invoquait à la fois mon bras et mon génie :
> Je me fis dictateur, je sauvai la patrie.

Puis pour Napoléon :

> J'ai gouverné le monde à mes ordres soumis
> Et j'impose silence à tous mes ennemis ;
> Leur haine ne saurait atteindre ma mémoire,
> J'ai mis entre eux et moi l'abîme de la gloire.

Mais ce que la censure ne put couper, ce fut l'allure napoléonienne que Talma, qui jouait le rôle, sut donner à Sylla.

On sait que le grand tragédien avait voué un véritable culte à Napoléon : il l'avait connu simple officier, puis général, et lui avait même vendu à cette époque sa maison de la rue Chantereine, depuis rue de la Victoire. Devenu premier consul et empereur, Napoléon avait conservé ses relations avec Talma ; non seulement il l'avait toujours reçu avec affection, mais on assurait également qu'en plusieurs circonstances, le grand *comediante-tragediante* couronné avait donné d'utiles conseils à son confrère.

Mais Talma ne se contentait pas de garder pour l'empereur une affection qu'il poussait jusqu'au fétichisme ; il avait, en outre, la petite faiblesse de croire qu'il lui ressemblait trait pour trait. Mademoiselle Mars raconte que, s'étant rendue chez lui en voisine, peu de jours après son installation dans la rue de la Tour-des-Dames, elle vit sur sa cheminée deux portraits, le sien et celui de l'empereur, dont les têtes avaient été coupées.

— Eh ! s'écria-t-elle, pourquoi ce massacre ?

Talma avait des ciseaux à la main et achevait de découper ces pauvres têtes.

— Regarde, dit-il.

Et le vieil enfant, avec un soin extrême, adapta sa propre tête sur l'uniforme de l'empereur et celle de l'empereur sur son costume de Néron ; puis aussitôt, donnant à sa physionomie l'expression terrible de Manlius, lorsqu'il interroge, preuves en main, son perfide ami, il jeta à mademoiselle Mars le fameux : « Qu'en dis-tu ? »

Ce qu'il y a de certain, c'est que, dans *Sylla*, il avait réussi à reproduire, à s'y méprendre, la physionomie de Napoléon.

Il y eut un cri de surprise et de saisissement dans toute la salle lorsque l'on vit le dictateur au masque sombre, aux cheveux aplatis, au front creusé par l'inquiétude, s'avancer lentement, la tête inclinée sur la poitrine, ouvrir du geste la haie des sénateurs, ses clients, puis s'approcher de l'accusateur, lui poser la main sur l'épaule et lui dire de cette voix vibrante qui va chercher les fibres les plus secrètes du cœur :

> Je n'examine pas si ta haine enhardie
> Poursuit dans Clodius l'époux de Valérie ;
> Et si Catilina, par cet avis fatal,
> Prétend servir ma cause ou punir un rival.

Bien des artistes ont essayé, depuis, avec le prestige de l'uniforme vert, de la redingote grise et du petit chapeau, de reproduire cet œil plein d'éclairs et cette calme et sereine physionomie, semblable à une médaille antique, mais aucun n'y a réussi comme Talma.

Admirablement grimé, Talma s'était surtout coiffé admirablement. La mèche légendaire de Napoléon se détachait sur son front carré, de façon à faire illusion.

Cette perruque de Sylla est demeurée célèbre dans les fastes du Théâtre-Français. « Mon titre de gloire dans la postérité, disait avec orgueil l'*artiste* qui l'avait *composée*, ce sera la perruque de M. Talma dans le rôle de Sylla. » Ce qui n'empêcha pas, d'ailleurs, cette glorieuse et victorieuse perruque de finir assez obscurément ; car j'ai relevé moi-même, sur le catalogue de la vente des différents costumes composant la garderobe théâtrale de Talma (laquelle vente eut lieu le 27 avril 1827, six mois après sa mort), cette modeste adjudication : « *Sylla*, avec la perruque, 160 francs. »

Quoi qu'il en soit, cette mèche historique, tombant plate et noire sur le front du tragédien, fit courir tout Paris. Les détracteurs de la pièce prétendaient même que, sans la fameuse perruque, elle serait tombée. « *Sylla !* un succès de perruque ! » s'écriait Dumas ; et, revenant plus tard sur ce sujet, il disait encore : « Otez à *Sylla* la mèche de Napoléon, et la pièce n'allait pas jusqu'à la fin. »

Sylla ne fut pas, d'ailleurs, la seule ni la première pièce où Talma montra cette conscience à chercher la vérité extérieure en même temps que la vérité morale. Lié de bonne heure avec les peintres célèbres de son temps, il s'inspira de leurs conseils, étudia leurs tableaux, fouilla dans leurs portefeuilles. Il dépouillait aussi les bibliothèques publiques, les collections particulières, et recueillait avec soin, partout où il le pouvait, tout ce qui lui paraissait de nature à ajouter à la réalité de sa copie. Chaque fois qu'il était sur le point de créer un rôle, aucune recherche, soit historique soit archéologique, ne lui coûtait.

On sait que ce fut lui qui acheva et fit accepter définitivement la réforme du costume, commencée par Lekain et mademoiselle Clairon.

La première fois qu'il parut sur le théâtre, vêtu en véritable Romain, drapé dans ses habits de laine, chaussé du cothurne antique, les jambes et les bras nus, on raconte que madame Vestris, qui était en scène, le regarda des pieds à la tête, puis le dialogue suivant s'établit à voix basse, alternant avec le dialogue tragique :

— Mais vous avez les bras nus, Talma !
— Je les ai comme les avaient les Romains.
— Mais, Talma, vous n'avez pas de culotte !
— Les Romains n'en portaient pas.
— Cochon !

La vérité est que la nudité des jambes et des pieds n'était que simulée ; celle des bras seule était réelle.

J'ai entendu rapporter le fait autrement ; d'après cette nouvelle version, c'était mademoiselle Contat ; et non plus madame Vestris, qui lui donnait la réplique la première fois qu'il parut drapé dans sa toge et dans toute l'exactitude du costume antique; et, du plus loin qu'elle l'aperçut : « Dieu ! qu'il est laid ! s'écria-t-elle naïvement ; il a l'air d'une statue ! »

Malgré madame Vestris ou mademoiselle Contat, les audaces de Talma ne tardèrent pas à s'imposer aussi bien au Théâtre-Français, où tout fut bientôt réglé sur son modèle, qu'au public lui-même, qui ne voulut plus autre chose. Un jour, dans le *Brutus* de Voltaire, Talma, qui jouait Titus, parut en scène avec les cheveux coupés sur le modèle d'un buste romain. Huit jours après, tous les jeunes gens de Paris avaient les cheveux coupés courts, et la *coiffure à la Titus* détrônait la queue de l'ancien régime.

Chez Talma, l'art était son unique soin, sa seule pensée, toute sa vie. Il se mettait tout entier dans ses rôles, utilisant au profit de ses créations tout ce que la nature lui avait donné, ses défauts aussi bien que ses qualités. Substituant à sa personnalité propre celle des héros qu'il était appelé à représenter, nul ne s'entendait comme lui à reconstruire un monde de toutes pièces, à rebâtir une époque.

Cette préoccupation de la vérité historique le

poursuivit jusqu'à ses derniers moments. Alexandre Dumas, étant allé le voir avec Leuven quinze jours avant sa mort, le trouva au bain, étudiant le *Tibère*, de Lucien Arnault, dans lequel il comptait faire sa rentrée.

— Hein! mes enfants, leur dit le grand tragédien en tirant ses deux joues pendantes, que la maladie avait considérablement amaigries, comme cela va être beau pour jouer le vieux Tibère !

Cette anecdote m'en rappelle une autre moins connue sur Rachel. Dans les dernières semaines de sa vie, au Cannet, près de Cannes, où elle était allée mourir d'épuisement, elle se préoccupait par-dessus tout de ses principaux rôles, et notamment de celui de Pauline, dans *Polyeucte*. Les vers de ce rôle magnifique lui revenaient sans cesse à l'esprit, sans cesse elle en parlait dans ses conversations avec sa sœur:

— Oh! Sarah, dit-elle un matin, j'ai pensé toute la nuit à *Polyeucte*. Si tu savais quels effets nouveaux, quels effets magnifiques j'ai trouvés ! Vois-tu, pour étudier, il est bien inutile de parler, de faire des gestes; il faut penser, il faut pleurer !

Et, la veille de sa mort (le 3 janvier 1858), sentant venir l'agonie :

— Sarah, s'écriait-elle, donne-moi tes mains. Comme elles sont fraîches ! Moi, les miennes brûlent. Sais-tu ce qui fait que je sens que tout est fini ? C'est que je n'ai plus de mémoire. Cette nuit, j'ai voulu me rappeler mon rôle de Pauline : impossible ! Je voyais des nuages de feu, des fantômes que je voulais saisir et qui me fuyaient.

Voilà les véritables artistes, ceux qu'on ne remplace pas !

Je n'ai pu voir Talma qu'à l'extrême limite de sa carrière ; il était encore d'une beauté olympienne, de cette beauté, la vraie beauté d'un acteur, qui n'a rien de personnel à l'homme, mais qui change avec le héros qu'il est appelé à représenter. Il paraissait si bien né pour jouer les grands rôles tragiques que David (d'Angers) n'a pas eu besoin d'ajouter à ses traits, pour en faire le type de la Tragédie, dans cette belle statue assise qu'on peut voir au milieu du vestibule du Théâtre-Français. Voyez encore le portrait de Talma par Picot, dans le foyer des artistes, et l'autre portrait qui figure dans la

4.

salle dite des Bustes, qui conduit du foyer des artistes à la scène.

Comme homme privé, le caractère et le cœur de Talma étaient à la hauteur de son génie. Naturellement généreux et bienfaisant, avec un fond de mélancolie, il accueillait les jeunes débutants et se montrait bon camarade en toute circonstance, témoin le fait suivant que je ne me souviens pas d'avoir vu cité nulle part :

Un soir que l'on donnait au Théâtre-Français *le Philosophe sans le savoir*, dans une représentation extraordinaire au bénéfice de Baptiste aîné, quel ne fut pas l'étonnement du public en reconnaissant Talma déguisé en simple figurant et faisant tout simplement partie des invités à la noce du brave philosophe ! Détail piquant : le terrible Sylla, le farouche Néron, bourgeois muet et convive perdu dans la foule, ne savait quelle contenance garder !

Voici maintenant un croquis de Talma en déshabillé, tel que l'acteur Laferrière le surprit un jour dans une visite qu'il lui fit avec un de ses camarades.

« Je le trouvai, dit Laferrière, en pantalon à pieds et en pantoufles, vêtu d'une houppelande

en soie grise, ouverte sur une chemise dont le
jabot à petits plis vagabondait sur une large
poitrine, laissant à nu un col aux attaches puissantes. Il avait une perruque aux cheveux
châtain brun, une perruque frisée avec une raie
sur le côté droit. Rien au monde de plus
débonnaire, de plus candide, de plus paternellement bourgeois que cette perruque-là. Sylla
avait dû naître au Marais, entre la rue Saint-Louis et la rue Culture-Sainte-Catherine. Et
quel bon, quel placide sourire ! Ses yeux, qui,
au théâtre, m'avaient paru si grands, si remplis
d'éclairs et de puissance tragique, étaient de
bons petits yeux tranquilles, et qui s'ajustaient
au sourire avec une harmonie parfaite. Le nez
était droit; s'il avait été retroussé, je crois que
je me serais enfui, persuadé que le concierge
s'était trompé et que nous n'étions pas chez
Talma. Mais le dessin de médaille antique
qu'affectait le nez, d'une pureté romaine, sauva
tout ; et puis il parla et aussitôt je reconnus
Joad. Cette vibration pénétrante, sans affectation,
cette diction aux coupures nettes et élégantes,
sans pédantisme, et enfin ce geste par lequel il
nous fit asseoir..., c'était bien Joad. »

Talma habitait alors rue Neuve-Saint-Augustin, au troisième au fond de la cour. La pension de trente mille francs qu'il touchait sur la cassette sous l'Empire, et qui lui formait avec ses appointements (environ trente mille francs aussi) et ses congés, un revenu de soixante-dix à quatre-vingt mille francs, avait été réduite de moitié sous la Restauration; en outre, avec ses goûts d'artiste et sa nature généreuse, il n'avait jamais su régler ses dépenses, ni s'assurer une vieillesse à l'abri du besoin.

Mademoiselle Mars nous donne à ce sujet, dans ses *Confidences*, des détails navrants :

« Je quittai Talma toute triste, dit-elle, car mieux que personne je savais les besoins de son ménage ; plus d'une fois, à mon lever, me sont venus des petits mots, sous le pli desquels j'envoyais, à titre de prêt, un billet de cinq cents francs. C'étaient assez souvent, avec Talma, mes billets doux du matin. »

Est-ce pour cela que, dans sa dernière création (un *Charles VI*, de Delaville de Miremont, l'écrivain du *Folliculaire*), il fit frémir tout Paris avec ce vers que l'auteur de cette tragédie, l'une des plus médiocres de ce temps-là, avait mis dans la bouche de Talma-Charles VI :

Que voulez-vous ? Du pain ?... Du pain, je n'en ai pas!

Jamais ce qu'on appelait alors les *infortunes royales*, ce fonds classique d'où l'on était tenu de tirer ce qu'on appelait alors une tragédie, n'avait rencontré pareil interprète et ne s'était produit avec plus de grandeur humaine devant le public étonné.

Ce fut le dernier cri du sublime artiste. Quelques mois après, le 19 octobre 1826, il mourait dans la maison qu'il était venu habiter depuis quelques années, au quartier dit de la Nouvelle-Athènes, rue de la Tour-des-Dames, tout près d'Horace Vernet, d'Arnault, de mademoiselle Mars et de mademoiselle Duchesnois.

Puisque ce dernier nom se présente sous ma plume, je ne veux pas le laisser passer sans en dire quelques mots; car ce fut une des grandes admirations de ma jeunesse. Je ne l'ai pourtant connue que fort tard, lorsqu'elle luttait de son mieux contre cette impitoyable froideur du public et ces cruels avertissements qui attristent presque toujours les dernières années des comédiens.

Un autre ennemi, contre lequel la pauvre

grande artiste avait eu à lutter toute sa vie, c'était sa laideur. Malgré l'ensemble de sa physionomie, qui était d'une grande douceur, le peu de régularité de ses traits, l'allure lourde et commune de son nez surtout, n'avaient rien de séduisant. Alexandre Dumas prétendait qu'elle ressemblait à ces lions en faïence qu'on met sur les balustrades.

En revanche, elle était admirablement faite. Elle avait le buste beau, des bras magnifiques et des jambes moulées sur celles de la Vénus de Milo. Aussi adorait-elle le rôle d'Alzire, qui lui permettait de se montrer à peu près nue. On se souvient, d'ailleurs, du superbe portrait par le baron Gérard, qui figurait à l'Exposition du Corps législatif, au profit des Alsaciens-Lorrains, en 1874.

Outre sa laideur, mademoiselle Duchesnois avait encore un désavantage physique qu'on lui reprocha durement, comme s'il eût été volontaire et intentionnel chez l'artiste, tandis qu'il n'était que l'effet d'une fâcheuse disposition de santé ; je veux parler de l'espèce de hoquet, dont elle accompagnait sa diction, surtout dans les tirades de quelque longueur.

— Si je voulais le combattre, disait-elle à ce sujet à un critique de ses amis, le sang m'étoufferait ; car, dans mes émotions de la scène, il me remonte jusqu'à la gorge, et ne me laisse pour m'en soulager que ce moyen, dont le reproche m'est d'autant plus pénible qu'il m'est impossible de l'éviter.

Eh bien, malgré ce hoquet, malgré cette laideur, l'admirable artiste avait dans la voix des cordes d'une tendresse si profonde, d'une si harmonieuse douceur, ses yeux s'agrandissaient et s'éclairaient si magnifiquement dans les situations pathétiques, qu'elle produisait un effet considérable. Ceux qui l'ont vue dans *Marie Stuart* la préféraient dans ce rôle à Rachel. L'ivresse de sa joie, lorsqu'elle revoyait les jardins de Fotheringay, ce cri sorti de ses entrailles :

Je voudrais m'emparer de toute la nature !

son orgueil abaissé, mais non soumis, aux genoux d'Élisabeth ; ses adieux à Leicester, empreints d'une charité si touchante ; elle rendait tout cela admirablement, et nul autre artiste ne le rendra jamais comme elle.

Instinctivement disposée à faire mouvoir les

cordes de la tendresse et de la mélancolie, elle obéissait peut-être trop à ses penchants élégiaques et ne variait pas toujours assez les détails secondaires de ses personnages.

C'était surtout quand elle jouait avec Talma que ses merveilleuses qualités ressortaient dans tout leur éclat. Trop grand artiste, trop sublime comédien pour craindre aucune supériorité, Talma lui donnait d'admirables conseils, que cette éminente nature artistique utilisait, sinon avec une intelligence remarquable, du moins avec une grande facilité d'assimilation.

Talma faisait, du reste, le plus grand cas de Duchesnois.

— Lorsque le rôle est plus fort qu'elle, disait-il, il l'entraîne, et alors elle est magnifique !

J'ajouterai qu'à défaut du charme et de la beauté, mademoiselle Duchesnois avait celui de la bonté. Elle était d'une générosité rare et d'une bonhomie réelle, et ses succès, qui avaient été fort grands, ne lui inspiraient aucune vanité. Il est vrai qu'on a prétendu qu'elle avait une certaine simplicité d'esprit, que ses détracteurs appelaient de la bêtise. Voici deux faits peu connus qui sont tout à l'honneur de son courage et de son cœur.

Sous la Restauration, pendant la Terreur blanche, elle recueillit chez elle la mère de La Valette, et offrit un asile à l'infortuné Labédoyère, qui ne l'accepta point, malheureusement pour lui.

Vaincue par la froideur croissante du public, qui n'avait pardonné longtemps à sa laideur qu'en faveur de son génie, mademoiselle Duchesnois se retira du théâtre en 1830. Elle fit ses adieux au public, le 24 janvier de cette année, dans le rôle de Phèdre. Elle reparut une fois encore sur la scène, dans *Athalie*, en 1834.

Elle mourut le 8 janvier 1836, après une longue et douloureuse agonie de plusieurs mois, et fut enterrée non loin de Talma, au cimetière du Père-Lachaise, où ses admirateurs et ses amis lui ont élevé un monument.

On a vu que Talma était mort en octobre 1826. Quelques mois auparavant, on lui avait distribué le rôle du Tasse dans la pièce de ce nom, drame assez médiocre d'Alexandre Duval, basé sur l'histoire de la prétendue passion que l'auteur de *la Jérusalem délivrée* aurait conçue pour la belle princesse Éléonore d'Este, sœur d'Alphonse II, duc de Ferrare. Déjà malade, de la maladie à laquelle il devait bientôt succomber, Talma dut rendre le rôle qui fut alors donné à Firmin, un des plus charmants acteurs dont le souvenir soit resté à la Comédie-Française.

Avant la première représentation, Firmin alla voir Talma à Enghien, où celui-ci fit un court séjour vers la fin de sa vie, et lui demanda des conseils.

— L'ouvrage est médiocre, dit Talma; cependant il y a une belle scène au cinquième acte, c'est celle où, dans l'espoir de rendre la raison au pauvre fou, on lui parle des honneurs qu'on lui prépare et de la couronne qui l'attend. Vous savez, Firmin? A ce mot « couronne », il semble se ranimer. « Une couronne à moi? dit-il, Alphonse ne me refusera donc plus sa sœur!... Où est-elle, cette couronne? où est-elle? » Alors, on la lui présente; il la regarde, puis douloureusement : « Elle n'est pas d'or, elle n'est que de laurier... Le frère ne consentira pas! » Tenez, voyez-vous, Firmin, continua Talma, voilà comment j'aurais joué cela...

Et, se soulevant à moitié sur son lit, il joua la

scène avec un accent si vrai, une attitude si douloureuse, un abattement si complet et si plein de désespoir et de folie, que Firmin, rien que par ce qu'il avait vu, fut près de renoncer au rôle.

Il le joua cependant, mais sans grand succès. Ce qui n'empêcha pas qu'on ne reprît la pièce quelques mois précisément après la reprise de *Sylla*, dont nous avons parlé; je fis même, à cette occasion, deux nouvelles décorations, dont l'une, celle du cinquième acte, représentait une riche et vaste salle avec portiques ouverts dans le fond sur toute la largeur du théâtre, de manière à laisser voir une partie extérieure du palais ducal de Ferrare et de ses jardins avec ses terrasses et ses statues, couronnés par un magnifique paysage.

Ce Firmin, qui hérita du rôle distribué d'abord à Talma, était un acteur plein de talent, de chaleur et de verve. Héritier de Fleury, le dernier des marquis de la Comédie-Française, il avait, à un degré inférieur, il est vrai, les mêmes qualités que mademoiselle Mars, c'est-à-dire la grâce, l'esprit, le charme, la diction, la coquetterie. Je me souviens de lui dans Horace, de *l'École des*

Femmes, et dans *le Menteur*, de Corneille ; il y était admirable, ainsi que dans tous les rôles qu'on écrivit pour lui sous la Restauration : Auguste, de *l'Amour et la Raison*; Lindor, d'*Heureusement*, et cent autres, où il fit la joie des habitués du Théâtre-Français.

Sa chaleur, qu'il poussa parfois jusqu'à une sorte d'impétuosité nerveuse, était surtout communicative ; et, même après avoir passé la quarantaine, il sut longtemps se conserver jeune sur la scène : ses défauts étaient la petitesse de sa taille qui lui enlevait quelque peu de l'autorité nécessaire dans ce qui ne tient pas aux *amoureux* proprement dits ; son débit saccadé, et surtout le peu de sûreté de sa mémoire, qui le força de se retirer prématurément du théâtre.

Comme tous les hommes de cinq pieds deux pouces, Firmin était d'un caractère taquin et querelleur ; mais il était brave et tout à fait sur la hanche. Il avait donné, dans sa vie, deux ou trois coups d'épée, et en avait reçu un, d'un mari, je crois, au travers du corps. Une de ses ambitions était de jouer un Bayard. Il en parla vingt fois à Dumas, et il ajoutait toujours :

— Il ne faut pas croire que Bayard fût un

colosse ; non, au contraire, il était plutôt petit que grand, et plutôt mince que gros, un homme de ma taille.

IV

Bertrand et Raton. — Le théâtre de Scribe. — Le vaudeville avant Scribe. — Scribe n'était pas seulement un homme de théâtre, c'était l'homme-théâtre. — Le style de Scribe. — C'est Scribe qui a inventé les points dans le dialogue. — Scribe librettiste d'opéras et d'opéras comiques. — Scribe et l'Association des auteurs dramatiques. — La vraie vérité sur Scribe.

Bertrand et Raton, qui fut représenté au Théâtre-Français le 14 novembre 1833, et pour qui l'on nous demanda plusieurs décorations assez intéressantes, peut passer certainement pour la pièce-type du théâtre de Scribe ; nulle part, en effet, il ne déploya d'une façon plus complète le rare talent d'intrigue qu'il possédait à un si haut degré.

J'ai connu dans ma vie bien des auteurs dramatiques, et des plus féconds et des plus puissants qui soient, mais je n'en ai jamais rencontré de comparable à Scribe pour l'invention, pour la science de l'arrangement, pour la souplesse de l'imagination et la fécondité des ressources.

Quand je pense qu'à peine majeur Scribe débutait, coup sur coup, par quatorze pièces, qui furent quatorze chutes d'ailleurs; et qu'à quarante-cinq ans, il avait derrière lui un bagage de trois cent cinquante œuvres dramatiques de tout genre, dont deux cent quatre-vingts environ avaient été des succès de premier ordre !

Se figure-t-on l'*estomac* (comme on dit aujourd'hui) qu'il faut avoir pour occuper le premier rang, pendant une bonne vingtaine d'années, sur les cinq théâtres les plus importants de Paris : le Théâtre-Français, l'Odéon, le Gymnase, pour la comédie ; l'Opéra, l'Opéra-Comique pour la musique ? Et si l'on réfléchit que, de Paris, sa vogue gagna la province, puis l'étranger, ne sera-t-on point tout disposé à dire, avec son ami Legouvé, que Scribe est l'esprit qui a le plus amusé le monde depuis Voltaire ?

Pour se rendre bien compte, du reste, des véritables services que Scribe a rendus au théâtre, services qu'on n'est que trop porté à lui dénier aujourd'hui, il faut se rappeler ce qu'était, avant lui, le genre de pièces qu'il devait développer et relever si merveilleusement. A part les charmantes ébauches de Désaugiers, les vaudevilles n'étaient guère que des canevas sur lesquels brodaient les acteurs. Ce fut lui qui le premier, au lieu de canevas, fit de véritables pièces. Entre ses mains habiles, l'intrigue se noua, et l'on eut, au bout de trois ou quatre ans, tout ce théâtre du Gymnase, qui n'était pas modelé sur une société quelconque, mais qui créait une société spéciale que l'on pouvait appeler la société de M. Scribe.

Alexandre Dumas a donné quelque part un amusant croquis de cette société, composée exclusivement de colonels, de jeunes veuves, de vieux soldats et de domestiques fidèles.

« Jamais on n'avait vu de pareilles veuves, jamais on n'avait vu de semblables colonels, jamais on n'avait entendu de vieux soldats parlant ainsi ; jamais on n'avait rencontré de domestiques aussi dévoués ! Mais, telle que l'avait faite

M. Scribe, la société du Gymnase fut à la mode, et la protection directe de madame la duchesse de Berry ne contribua pas peu à faire la fortune du directeur et la réputation de l'auteur. »

A la décharge de Scribe, il faut dire qu'au moment où il écrivait, la noblesse d'argent, ou de la Chaussée-d'Antin, succédait à la noblesse du canon, ou du faubourg Saint-Honoré, laquelle avait remplacé la noblesse d'épée du faubourg Saint-Germain. Naturellement les premiers plans de ses tableaux se trouvèrent envahis par les hommes de la Bourse, tout occupés de leurs spéculations ; les seconds, par de braves militaires pleins des souvenirs de leurs victoires, et les troisièmes par de vieux pairs de France assez vides de toute chose. Ce monde, Scribe l'a parfaitement peint, à mon avis, et le seul reproche qu'on puisse lui faire, c'est d'avoir donné à tous ces gens plus d'esprit qu'ils n'en avaient.

Cette société naissante n'ayant absolument rien d'héroïque en soi, et Scribe s'étant imposé pour tâche d'y prendre tous ses personnages, quoi d'étonnant qu'il manque de largeur et de poésie dans ses peintures ?

Cette réserve faite, on ne peut nier que Scribe

n'ait eu au plus haut degré l'instinct scénique, le don de l'ordonnance dramatique. Personne, même parmi les plus grands maîtres, ne l'a surpassé dans l'art de faire un plan ; personne plus que lui n'a eu le talent de dégager l'idée dramatique d'un sujet, et de saisir le côté par où il devait plaire.

Sainte-Beuve, qui s'y connaissait, a dit de Scribe qu'il était le seul auteur comique de son temps.

Legouvé, son collaborateur et ami, sans aller aussi loin, l'a appelé le plus merveilleux inventeur dramatique de notre littérature.

Enfin, j'ai entendu M. Vitet, qui n'est point suspect en pareille matière, déclarer également, dans sa réponse au discours d'Octave Feuillet à l'Académie, qu'il y avait chez Scribe une faculté puissante et vraiment supérieure qui lui assurait et qui expliquait sa suprématie sur le théâtre de son temps : c'était un don d'invention dramatique que personne avant lui peut-être n'avait ainsi possédé : le don de découvrir à chaque pas, presque à propos de rien, des combinaisons théâtrales d'un effet neuf et saisissant, et de les découvrir, non pas en germe seulement ou à peine ébauchées, mais en relief, en action et déjà sur la scène. « Pendant le temps qu'il faut à ses confrères pour préparer un plan, il en achève plus de quatre ; et jamais il n'achète aux dépens de l'originalité cette fécondité prodigieuse. Ce n'est pas dans un moule banal que ses fictions sont jetées. S'il a ses secrets, ses méthodes, jamais il ne s'en sert de la même façon. Pas un de ses ouvrages qui n'ait au moins son grain de nouveauté... »

Scribe, on peut le dire et on l'a dit, n'était pas seulement un homme de théâtre, c'était l'homme-théâtre. Pour lui, tout se métamorphosait en pièces ; pour lui, la vie humaine se jouait sur la scène, la nature même lui apparaissait souvent comme une décoration.

— Regardez donc le décor du premier acte de *la Muette !* » dit-il un jour à Legouvé, à Séricourt, en lui montrant un charmant point de vue.

Tout lui était prétexte à invention, un hasard de promenade, un entretien, une lecture, une visite.

— Savez-vous où je suis quand j'écris une comédie ? demandait-il. Au milieu du parterre !

Il voyait la pièce ; elle ne se passait pas seulement dans sa tête, elle se jouait devant ses yeux ; il était spectateur, tout en restant auteur.

Comme metteur en scène, il était merveilleux. J'en parle savamment, car j'ai pu le voir à l'œuvre bien souvent. On ne le connaissait du reste qu'à moitié, tant qu'on ne l'avait point vu tirer un ouvrage dramatique des limbes du manuscrit, le faire monter sur la scène et y monter avec lui. La mise en scène était pour lui une sorte de révélation ; à la lueur du sombre quinquet des répétitions, il apercevait dans son œuvre ce qu'il n'y avait pas soupçonné auparavant. Il trouvait, sur le théâtre même, de véritables inspirations de champ de bataille, improvisant de ces mots qui relèvent toute une situation, ou de ces coupures radicales qui la sauvent.

C'est lui qui, un des premiers, jeta sur la scène toute l'animation de la vie réelle ; aussi habile, aussi puissant, à l'Opéra, à manier les masses et à traduire par la figuration les plus violentes passions populaires, qu'il était plein de finesse et de nuances à la Comédie-Française, dans l'interprétation des sentiments délicats. Comme professeur de déclamation, il était incomparable ; nul n'avait plus que lui l'art de la diction, la science de l'effet ; nul ne savait, comme lui, tirer parti des défauts mêmes d'un acteur. Aussi que d'artistes dont il a fait deux fois la réputation, d'abord en leur donnant de beaux rôles, et ensuite en leur enseignant à les bien jouer !

Ce sont là, il me semble, des qualités plus précieuses et plus nécessaires encore pour l'homme de théâtre que le style. Le style, voilà le grand reproche que l'on fait à Scribe, et pas toujours sans raison, il faut en convenir.

Et cependant, ce style même, pour manquer d'ampleur et de correction, et pour se trop sentir du dictionnaire de la Restauration, n'en a pas moins toutes les qualités de la conversation, le mouvement, la vivacité, le naturel, l'esprit.

Aussi Gustave Planche allait-il beaucoup trop loin quand il appelait Scribe le plus populaire et le moins lettré des auteurs dramatiques, et quand il prétendait que son style n'était qu'un entassement de barbarismes, de solécismes et de phrases inachevées.

De son côté, Legouvé est quelque peu aveuglé par son amitié, quand il dit : « L'impétuosité, le despotisme de son tempérament dramatique lui faisaient tout subordonner à l'action théâtrale, tout, même parfois la grammaire, non par ignorance, personne ne connaissait mieux sa langue que lui ; quand il péchait contre elle, c'était sciemment et avec préméditation. »

Il ne serait pas difficile, en effet, de relever dans presque toutes ses pièces, en cherchant bien, des négligences ou des f ntaisies de style tout à fait extraordinaires.

Pour ne citer que *Bertrand et Raton*, dont je parlais tout à l'heure, et qui est pourtant assurément l'une de ses meilleures pièces et des plus soignées, on y relèvera au passage des phrases comme celles-ci :

« Veux-tu briller dans le monde, éclipser les plus riches seigneurs ? *Nous le pouvons.* »

« Tous les gens de cour que l'on rencontre dans les rues, on leur jette de la boue : *ça approprie les rues.* »

« Le peuple se prononce toujours pour les opprimés. *Nous le sommes* en ce moment. »

Voici encore quelques perles choisies un peu au hasard dans son vaste répertoire :

> Il m'aimait, *il me le disait.*
> Et, moi, je l'aimais sans lui dire...
>   (*Michel et Christine.*)

« C'est plus que de l'esprit, c'est celui des affaires ».
(*Le Mariage d'argent.*)

« Je ferais mieux de rester dans votre intérêt.
— Ne songez *qu'à ceux* de votre mari. »
(*La Camaraderie.*)

Quant à la vérité historique, on peut dire, en thèse générale, que Scribe ne l'a guère respectée non plus ; témoin le célèbre anachronisme de son discours de réception à l'Académie française :

« La comédie de Molière nous dit-elle un mot des erreurs, des faiblesses, des fautes du grand roi ? *Nous parle-t-elle de la révocation de l'édit de Nantes ?* »

Scribe était seul sans doute à ignorer que Molière mourut le 16 février 1673, et que la révocation de l'édit de Nantes est du 18 octobre 1685.

C'est surtout dans ses livrets d'opéra qu'on lui reproche les étranges privautés qu'il s'est permises avec l'histoire et avec la langue française. On ferait une véritable et bien amusante collection de drôleries avec les vers lyriques grotesquement célèbres qui ont échappé à sa plume.

Il est vrai que Legouvé, toujours prêt à plaider les circonstances atténuantes pour son collaborateur et ami, assure que le coupable, ce n'était point Scribe, mais les compositeurs; que le despotisme de ceux-ci dépasse toute imagination, et que rien ne peut donner l'idée de ce que devient une strophe élégante entre leurs mains; qu'ils la brisent, la démembrent, y ajoutent les hiatus, etc. C'est ainsi que le fameux alexandrin des *Huguenots:*

Ses jours sont menacés! ah! je dois l'y soustraire!

n'aurait jamais été de Scribe. Scribe aurait écrit correctement, d'après Legouvé:

Ce complot odieux
Qui menace ses jours...

C'est Meyerbeer qui aurait coupé ce *qui*, pour lui substituer l'hémistiche cité plus haut.

Ce qui est absolument certain, tout au moins, c'est que personne n'a mieux réussi que Scribe dans l'art, beaucoup plus difficile qu'on ne croit, de faire un bon livret d'opéra. Sans être musicien, d'ailleurs, il avait admirablement compris le véritable rôle de la musique dans les opéras. Lui-même, il a exposé sa poétique dans la préface des *Martyrs.*

« S'il est vrai, dit-il, comme l'attestent nos plus illustres compositeurs, que la musique veuille avant tout des passions et des effets dramatiques et que l'opéra le meilleur soit celui qui présente le plus de belles situations, on concevra sans peine que tous les ouvrages de Corneille doivent offrir, comme ils offrent sans peine, de magnifiques sujets d'opéra. »

Un des hommes les plus experts assurément en cette matière, le docteur Véron, a pleinement rendu justice à Scribe comme librettiste d'opéra :

« On a longtemps pensé, dit-il, que rien n'était plus facile à composer qu'un poème d'opéra : grande erreur littéraire. Un opéra en cinq actes ne peut vivre qu'avec une action très dramatique, mettant en jeu les grandes passions du cœur humain et de puissants intérêts historiques : cette action dramatique doit cependant pouvoir être comprise par les yeux comme l'action d'un ballet ; il faut que les chœurs y jouent un rôle passionné, et soient pour ainsi dire un des personnages intéressants de la pièce. Chaque acte doit offrir des contrastes de décorations, de costumes, et surtout des situations habilement préparées. C'est un des malheurs du poème de *Guillaume Tell* que cette uniformité de décors, de sites, de vues et de costumes. *La Muette, Robert le Diable, Gustave, la Juive, les Huguenots, le Prophète,* de M. Scribe offrent, cette fécondité d'idées, ces grandes situations dramatiques, et remplissent toutes les conditions de variété de mise en scène que réclame la poétique d'un opéra en cinq actes.

» ... Je ne crains pas de le dire ici, M. Scribe est de tous les auteurs dramatiques celui qui comprend le mieux l'opéra; il excelle dans le choix des sujets, il excelle à créer des situations intéressantes et musicales, selon le génie du compositeur; et, sans admirer autant que M. Duponchel la chaudière de *la Juive,* j'ai toujours trouvé dans les scénarios qu'il m'a présentés d'heureux prétextes de mise en scène originale et variée, et d'ingénieux à-propos, pour toutes ces dépenses justement exigées d'un directeur d'Opéra. »

Un mot encore à propos du style dramatique de Scribe. C'est lui qui imagina d'ajouter à la ponctuation du dialogue les petits points, c'est-à-dire la phrase inachevée, le sentiment sous-en-

tendu, la pensée qui ne se produisait qu'à demi.
Ces petits points répondent à ce qu'il y a dans
l'action de ses pièces de précipité, d'agité, de
fiévreux ; c'est la ponctuation d'un homme que
l'action presse, que le mouvement emporte, qui
n'a pas le temps de tout dire. Cette invention de
Scribe, dont on s'est beaucoup moqué, peut donc
parfaitement se soutenir.

Les gros bénéfices que lui rapportaient ses
innombrables succès, et leur retentissement en
province et à l'étranger lui valurent également
de nombreuses attaques, car peu d'auteurs furent
aussi attaqués que Scribe ; mais c'est le lot
ordinaire de toutes les supériorités qu'on est
obligé de reconnaître.

Né d'une famille de commerçants, Scribe avait
appris de bonne heure la valeur de l'argent que
l'on gagne. Quoi d'étonnant qu'il n'ait point
négligé de tirer un profit légitime de son travail
et de ses succès ? La première année, son théâtre
lui avait rapporté cent vingt-six francs, sur lesquels on dut encore prélever quarante francs
pour l'impression du manuscrit. Vingt ans
après, il lui fournissait la rente annuelle la plus
colossale que jamais la plume d'un auteur dra-

matique ait su gagner. Je ne vois là rien qui doive choquer, ou surprendre, personne.

On sait, d'ailleurs, que Scribe était naturellement bon et bienfaisant, et qu'il fit toujours de sa grande fortune un usage très généreux.

Ses confrères, ses rivaux dans l'art dramatique, devraient être, en tout cas, les derniers à se plaindre du soin que Scribe avait de ses intérêts, et de son aptitude particulière pour les affaires ; car c'est à lui, c'est à ses efforts qu'ils doivent de ne plus se trouver à la merci des directeurs de théâtre.

C'est Scribe, en effet, qui, avec son singulier mélange d'imagination et d'esprit pratique, conçut et organisa l'Association des auteurs dramatiques, c'est-à-dire une association fondée par les forts au profit des faibles. C'est grâce à lui que les jeunes auteurs furent arrachés à l'exploitation des entrepreneurs de théâtre, que le talent devint un capital, l'imagination une propriété.

Il convient même de rappeler, à ce propos, un acte de libéralité qui honore singulièrement son caractère. L'Association avait décidé, sur son initiative, qu'il serait créé une caisse de secours et de pensions, et que, pour subventionner cette caisse, il serait retenu un demi pour cent sur les droits de chaque auteur. Seulement, pour créer immédiatement cette caisse et en prévenir l'épuisement à bref délai, il fallait, de toute nécessité, un premier fonds de 10,000 francs. A supposer qu'aucun secours, qu'aucune pension ne fût accordée dans cet intervalle, il aurait fallu deux ans pour réunir ce premier fonds. Scribe envoya les 10,000 francs.

C'est donc à tort qu'on a voulu présenter Scribe comme un homme d'argent, un auteur pour qui le succès monnayé primait tout le reste. La vérité, comme l'a fort bien dit Legouvé, un homme qui l'a peut-être un peu trop vanté mais qui le connaissait bien, c'est que Scribe, né rue Saint-Denis, dans un magasin de soieries à l'enseigne du *Chat noir*, resta toujours, et ce fut sa force, l'homme de la rue Saint-Denis; c'est-à-dire qu'il incarna en lui cette classe moyenne et parisienne, travailleuse, économe, honnête, à qui manquait peut-être un certain sentiment de grandeur, qui ne poursuivait pas un idéal très élevé, mais qui gardait en partage le bon sens, le bon cœur et le culte des vertus domestiques.

Et, bien que je n'accepte pas sans réserve les jugements un peu trop enthousiastes que son aveugle dévouement à la mémoire d'un ami dicta souvent à M. Legouvé, j'ai bien envie de donner encore une phrase de lui pour conclusion à ce chapitre, et de quitter Scribe en l'appelant « un charmant homme de cœur, qui n'a jamais fait de mal à personne, qui a fait du bien à beaucoup de gens et qui a fait plaisir à tout le monde ».

V

Pourquoi Dumas est un peu trop oublié aujourd'hui. — *Henri III et sa Cour*. — Comment Dumas a fait la pièce. — Ses piquants démêlés avec mademoiselle Mars. — Histoire de la première représentation. — « Décidément Racine n'est qu'un polisson ! » — Joanny. — Mademoiselle Leverd.

Si Dumas est un peu oublié aujourd'hui, si on ne lui rend pas la justice qui lui est due, c'est sa faute évidemment. Enfant gâté du public pendant de longues années, il a imprudemment abusé de cet engouement, il a fatigué l'attention et la sympathie en parlant trop complaisamment de sa personne et de ses œuvres. Un moment est arrivé où l'opinion, lassée, excédée, s'est détachée peu à peu de lui, et, comme cela ne manque jamais, on a dépassé la mesure, on a fini par ne plus le prendre au sérieux, ni comme homme, ni comme écrivain.

Mais on reviendra sur son compte, et on finira par reconnaître que, surtout comme auteur dramatique, Alexandre Dumas est une des figures les plus intéressantes du siècle. J'ajouterai même que, pour justifier cette sorte de réhabilitation, il n'y aurait pas besoin d'aller chercher les cinquante et quelques pièces de son théâtre, une seule comme *Henri III et sa Cour* suffirait amplement.

Bien qu'il l'ait écrite à vingt-cinq ans, et dans l'espace de deux mois, rien de plus vivant, de plus saisissant, et en même temps de mieux fait, n'est jamais peut-être sorti de sa plume.

C'est une des œuvres, d'ailleurs, qui lui sont restées les plus chères au cœur, et il s'est délivré lui-même dans ses *Mémoires*, avec cette infatuation naïve qu'il fait passer et pardonner à force de bonne humeur, un témoignage enthousiaste du cas qu'il en faisait.

« Qu'un critique consciencieux prenne cette

œuvre, dit Alexandre Dumas, et la soumette au plus sévère examen, il y trouvera tout à reprendre comme style, rien comme plan. J'ai fait cinquante drames depuis *Henri III*; aucun n'est plus savamment fait. »

J'ai beaucoup connu et pratiqué Alexandre Dumas aux diverses époques de sa vie; non seulement j'ai fait des décorations pour un grand nombre de pièces de lui, notamment pour *Richard Darlington*, *Henri III*, *la Reine Margot*, *Intrigue et Amour*, *le Chevalier de Maison-Rouge*, *Monte-Cristo*, etc., mais c'est moi qui lui ai servi d'architecte décorateur, d'abord pour le Théâtre-Historique, puis pour sa fantastique maison de campagne de Monte-Cristo, près de Saint-Germain. Je puis donc en parler en connaissance de cause.

Pour ce qui est de *Henri III et sa Cour*, je me souviens très nettement, encore aujourd'hui, des circonstances dans lesquelles la pièce a été faite et de celles qui ont accompagné et suivi la première représentation.

Alexandre Dumas était alors simple employé à quinze cents francs dans les bureaux du duc d'Orléans. Un jour, il trouve sur la table d'un

camarade un volume d'Anquetil tout ouvert ; il y
jette machinalement les yeux et tombe sur un
passage où il est question des amours de Saint-
Mégrin avec Catherine de Clèves, duchesse de
Guise. L'histoire l'empoigne ; il se procure la
Biographie, qui le renvoie aux *Mémoires de l'Es-
toile*, où il trouve deux fragments très dramatiques et très saisissants ; le premier, relatif à
la mort de Saint-Mégrin, massacré à la porte
même du Louvre par les hommes du duc de
Guise ; le second, où l'écrivain raconte, dans son
style naïf et coloré à la fois, l'assassinat du
capitaine Bussy-d'Amboise, traîtreusement attiré
dans un piège par un mari jaloux, le seigneur
de Monsoreau, et assommé après une résistance
héroïque, par une troupe d'assassins gagés.

C'est avec ces éléments et la scène de *l'Abbé*,
de Walter Scott, où Murray force Marie Stuart à
signer son abdication, que Dumas fit son drame.
Quant aux détails de mœurs, il les puisa surtout dans deux ouvrages assez rares qu'on lui
avait signalés : *la Confession de Sancy* et *l'Ile
des Hermaphrodites*.

L'intrigue de la pièce, la création du petit
page Arthur, ainsi que le développement des

caractères de Saint-Mégrin et de la duchesse de Guise, lui appartiennent entièrement.

Son drame écrit, restait maintenant à le faire recevoir. Après une première lecture chez Nestor Roqueplan, puis une seconde chez Firmin, en présence de Taylor, de Béranger, de Michelot, de Samson, de mademoiselle Mars et de mademoiselle Leverd, il comparut enfin devant le comité de lecture du Théâtre-Français, qui le reçut par acclamation.

La distribution des rôles faillit tout compromettre. Mademoiselle Mars régnait alors au Théâtre-Français en souveraine absolue. Par une faiblesse à laquelle échappent rarement les plus grands artistes, non seulement elle montrait des exigences et des susceptibilités inouïes en ce qui concernait ses propres rôles, mais encore elle entendait disposer à sa fantaisie des rôles de ses camarades. Dumas ayant indiqué ses intentions sans s'arrêter aux grands airs impérieux de l'altière comédienne, celle-ci trouva fort étrange qu'un si jeune auteur, un nouveau, un inconnu, ne crût pas devoir s'en remettre complètement à elle de la distribution intégrale des rôles. De là, des démêlés incessants, des scènes de colère et

,de dépit, dont Dumas a raconté plaisamment l'histoire, avec son inaltérable bonne humeur.

En outre, mademoiselle Mars, alors âgée de cinquante ans et habituée au théâtre d'Empis et de Mazères, d'Alexandre Duval et de Scribe, ne voyait point sans être effarouchée les hardiesses de la nouvelle école inaugurée par Hugo et par Dumas. Le pittoresque et la poésie lui étaient absolument fermés, et ce n'était qu'en tremblant qu'elle entrait dans cette littérature inconnue qui n'avait aucune de ses sympathies.

« Mademoiselle Mars, c'était la perfection du joli, disait Dumas, comme Talma c'était le sublime, comme Rachel c'était la perfection du beau. Cette perfection du joli de mademoiselle Mars, c'est bizarre à dire, était plutôt pour notre école un défaut qu'une qualité. La ravissante Sylvia des *Jeux de l'Amour et du Hasard,* déjà un peu empêchée dans l'Elmire du *Tartufe,* que mademoiselle Contat jouait si bien, et dans Célimène, que personne n'a jamais bien jouée, mademoiselle Mars, avec ses charmants petits gestes de coquette du temps de l'Empire, avec sa charmante petite voix qu'elle semblait prendre chez le concierge du théâtre et y déposer en sortant, mademoiselle Mars n'était pas précisément la femme qu'il nous fallait pour accomplir nos actions violentes ou dire nos vers *poétiques* ou emportés : elle était insuffisante à la fois dans la poésie et dans la colère. »

Il n'est que juste d'ajouter que, malgré ses griefs plus ou moins imaginaires, malgré ses froissements d'amour-propre ou autres, le jour de la première représentation mademoiselle Mars joua avec beaucoup de feu et beaucoup de soin, et qu'elle contribua puissamment au succès.

Cette première représentation avait excité une très vive curiosité. On disait beaucoup de bien et beaucoup de mal de la pièce ; on parlait de hardiesses étranges, de violences inouïes ; on se répétait à l'oreille des tirades qui devaient faire bondir les fidèles défenseurs de l'école classique. Aussi les places avaient-elles été chaudement disputées. — Victor Hugo et Alfred de Vigny, malgré leurs noms déjà connus, n'avaient pu s'en procurer à aucun prix ; en désespoir de cause, ils s'adressèrent à Dumas lui-même, qui leur offrit deux places dans la loge de sa sœur, où il devait se tenir pendant la représentation. Les trois coryphées de la future révolution dramatique, chose piquante, ne se connaissaient pas encore entre eux. Dumas avait aperçu une seule fois Hugo, mais sans lui parler; quant à Vigny, il ne l'avait jamais vu. C'est de cette soirée que data leur liaison; leurs mains, comme le disait le bon Dumas, serrées au milieu d'un succès, ne se sont jamais désunies.

Madame Malibran n'avait pu trouver place qu'aux troisièmes. Je l'aperçus, au milieu de la représentation, penchée tout entière hors de sa loge et se cramponnant de ses deux mains à une colonne pour ne pas tomber.

Le premier acte fut écouté sans grand enthousiasme, mais avec bienveillance, quoique l'exposition, suivant les expressions mêmes de Dumas, fût longue, froide et ennuyeuse. Cependant ces mots du duc de Guise sur lesquels se termine la dernière scène : « Saint-Paul ! qu'on me cherche les mêmes hommes qui ont assassiné Dugast! » furent vivement applaudis et commencèrent à échauffer le public et les artistes.

Le second acte, où se trouve la scène très hardie de la sarbacane, et pour lequel l'auteur avait des craintes sérieuses, passa sans opposition aucune. Au contraire, il amusa, et la toile tomba au milieu d'applaudissements très nourris.

Mais ce fut le troisième acte qui décida le succès. La scène entre le page et la duchesse, admirablement jouée par Louise Despréaux (la future madame Allan) et mademoiselle Mars, emporta les dernières résistances du public; puis vint la terrible scène où M. de Guise meurtrit le bras de sa femme avec son gantelet de fer et la force d'écrire sous sa dictée au comte de Saint-Mégrin, pour lui donner un rendez-vous où il trouvera des assassins. Jamais on n'avait abordé une situation dramatique au théâtre avec cette franchise, avec cette brutalité même. Si la violence de cette scène ne trouvait point grâce auprès du public, la bataille était perdue. Non seulement elle ne révolta point la salle, mais elle souleva, en même temps que des cris de terreur, des tonnerres d'applaudissements.

A partir de ce moment jusqu'à la fin, le succès alla croissant, l'enthousiasme devint du délire, toutes les mains, même celles des femmes, applaudissaient avec fureur; et, lorsque Firmin reparut pour nommer l'auteur, l'élan fut si unanime, que le duc d'Orléans lui-même se leva et se découvrit pour écouter le nom de son employé.

Le lendemain matin, tout Paris s'occupait d'Alexandre Dumas, complètement inconnu ou à peu près la veille encore, et, à deux heures de l'après-midi, le manuscrit de *Henri III* était vendu à un éditeur six mille francs, ce qui ne laissait point d'être un joli chiffre pour l'époque.

Peu d'hommes auront vu s'opérer dans leur vie un changement aussi rapide que celui qui s'opéra dans celle d'Alexandre Dumas pendant les quatre heures que dura la représentation de sa pièce.

Dès le lendemain, le duc d'Orléans le nommait son bibliothécaire et le duc Sosthènes de la Rochefoucauld, ministre de la maison du roi, offrait au modeste expéditionnaire ses entrées à tous les théâtres royaux ; Devéria faisait sa lithographie, David (d'Angers) son médaillon, et, jusqu'à la fin de l'année, l'auteur de *Henri III* demeura l'auteur à la mode et le lion du jour.

C'était alors, je m'en souviens encore aujourd'hui, un grand jeune homme, d'une tournure élancée et bien prise, d'une physionomie intelligente et gaie, malgré le teint foncé de sa peau; et, en dépit des changements apportés par l'âge et l'embonpoint, je le retrouve tel que je l'ai connu dans ce buste si vivant et si frappant que le sculpteur Chapu envoyait au Salon, il y a deux ans, et au sujet duquel Edmond About écrivait ces lignes charmantes :

« M. Chapu, l'artiste délicat et suave, qu'on admirait l'année dernière dans le monument de Regnault, s'est amplifié, égayé, illuminé au souvenir d'un colosse de bonhomie. Il évoque Dumas tout entier, avec son modelé de faune, son cou de taureau, son débraillé joyeux, son sourire, qui ressemblait à une ébauche de baiser. Le voilà bien, cet être robuste, abondant, inépuisable, naïf et foncièrement bon, qui, pendant cinquante ans, a prodigué son esprit comme un fleuve pour la joie de l'humanité et qui fut, pour ainsi dire, à lui seul, la bonne humeur d'un siècle mal commencé pour finir Dieu sait comment. »

Naturellement, le succès de *Henri III* dans la presse fut moins indiscuté que devant le public. Pendant que les thuriféraires de la jeune école portaient la pièce aux nues, d'autres critiques faisaient de fortes réserves. Sainte-Beuve reconnaissait à l'auteur un talent réel, mais presque physique, cet esprit qui semble résider dans les *esprits animaux*, comme on disait autrefois. «Tout ce qu'il fait, ajoutait-il, est assez vif, entrainant, amusant à moitié, mais gâté par l'incomplet, par le négligé, par le commun. »

Gustave Planche, qui avait la critique acerbe, comme on sait, disait de Dumas : « C'est un révolutionnaire qui se rue sur la tradition sans rien comprendre à la grandeur de ce qu'il attaque; brutal et bestial, trop physiologique et sans finesse. »

Quant aux pontifes de l'ancien art dramatique, qui se sentaient menacés sur leur trône chancelant par l'arrivée bruyante de cet audacieux, on pense avec quels cris furieux ils accueillirent l'œuvre nouvelle : « S'il y eut des amitiés qui datent de là, écrivait Dumas, il y eut aussi des haines de gens que je n'avais jamais vus, haines qui datent du bruit importun que fit mon nom à cette époque. »

Ces haines féroces se traduisaient par des anecdotes plus absurdes les unes que les autres et qui se racontaient tout haut dans les bureaux de rédaction des journaux de la vieille école. C'est ainsi qu'on disait que, le soir de la première représentation, quand tout le monde avait été parti et que les lustres de la salle avaient été éteints, à la lueur mourante des flambeaux du foyer, une ronde sabbatique, pareille à la magnifique ronde de Boulanger, avait eu lieu autour du buste de Racine, — lequel buste, d'ailleurs, est adossé à la muraille ! — que les funèbres danseurs avaient fait entendre ce refrain sacrilège : « Enfoncé Racine ! » et qu'enfin un cri de mort avait été poussé par un jeune fanatique contre les académiciens.

Pour noircir davantage le lugubre tableau, on insinuait même que le jeune énergumène qui demandait la tête des quarante immortels, était le propre fils de M. Amaury Duval, de l'Institut, et le propre neveu d'Alexandre Duval, l'auteur dramatique, lequel était lui-même membre de l'Académie française !

Enfin, on assurait qu'un autre fanatique, nommé Gentil, s'était écrié en plein foyer de la Comédie-Française : « Décidément, Racine n'est qu'un polisson ! »

De pareilles histoires, racontées sous le manteau de la cheminée, faisaient dresser les cheveux sur la tête de tous les « honnêtes gens », et *le Constitutionnel*, qui a toujours été le représentant politique et littéraire desdits « honnêtes gens », en était tout particulièrement indigné.

Quoi qu'il en soit, tout cela faisait un bruit du diable autour de la pièce et surexcitait et entretenait si bien la curiosité publique, que l'auteur put se flatter, sans trop d'invraisemblance, d'avoir fait entrer trois cent mille francs dans la caisse des comédiens du roi.

J'ai dit que mademoiselle Mars, en dépit de ses préventions contre l'œuvre et contre l'auteur, avait été excellente dans le rôle de la duchesse de Guise, et qu'à côté d'elle, mademoiselle Louise Despréaux avait eu un succès éclatant dans celui d'Arthur, le page de la duchesse. Il était impossible de se montrer plus charmante et plus touchante que la future madame Allan ne le fut dans cette scène du troisième acte, pleine d'une si délicate tendresse, où la pauvre duchesse laisse ingénument percer devant ce témoin discret et dévoué son amour pour le comte de Saint-Mégrin. Il semble, d'ailleurs, que le rôle d'Arthur ait porté bonheur à Louise Despréaux.

Depuis cette création, elle ne fit que prospérer et gagna chaque jour en réputation comme en talent. On n'a pas oublié ses grands succès à la Comédie-Française sous le nom de madame Allan, notamment dans les charmantes comédies de Musset, ni ses triomphes éclatants en Russie. Elle est morte à quarante-six ans, en février 1856 [1].

C'était Firmin qui jouait Saint-Mégrin ; il s'y montra élégant et charmant, et remporta un très grand succès personnel dans ce rôle, qui semblait taillé pour lui et qui mettait en relief toutes ses qualités de grâce et de verve coquette.

Joanny fut également un magnifique duc de Guise. Et pourtant Joanny avait deux grands défauts : avec son nez retroussé comme celui d'Odry, avec ses gestes sans grandeur et sans majesté, il paraissait peu désigné tout d'abord

---

[1]. *Henri III* a été repris plusieurs fois et sur diverses scènes ; la dernière reprise a eu lieu au mois de mai 1883, au théâtre de la Gaîté. Madame Dica Petit a fort bien rempli le rôle de la duchesse et M. Romain celui de Saint-Mégrin. MM. Dumaine et Raphaël Duflos se sont montrés tout à fait supérieurs dans ceux du duc de Guise et du Roi, et mademoiselle Marcelle Jullien a été absolument charmante dans celui du page. Cette reprise, en somme, a fait le plus grand honneur à l'intelligente direction de la Gaîté. (A. B.)

pour les rôles terribles et sinistres ; ensuite, il zézeyait de la façon la plus déplorable, et, la nature de ses rôles contribuant à exciter son emphase habituelle, ce vice organique n'en était que plus disgracieux. Il arriva toutefois, à force de travail et d'efforts, à corriger ces imperfections et à mettre dans toute leur valeur ses grandes qualités de tenue et de composition. Nul n'excellait comme lui, en effet, à composer un caractère ; nul ne possédait plus profondément l'entente des procédés dramatiques. Il avait d'abord été militaire et il avait rapporté du service, avec deux doigts mutilés de la main gauche, cet orgueil et cette rudesse presque inséparables de la vie des camps. Puis il avait joué la comédie en province avec un grand succès, notamment à Bordeaux, où on l'appelait le *Talma des départements*; Picard l'engagea ensuite à l'Odéon, où il créa, non sans éclat, le Procida des *Vêpres siciliennes*, puis *le Paria*, puis *Frédégonde et Brunehaut*. Enfin, la mort de Talma lui ouvrit les portes de la Comédie-Française, à la veille même du jour où le romantisme allait y entrer tout armé avec *Henri III*. Après le duc de Guise, Joanny joua l'*Othello*, d'Alfred de Vigny, où il fut souvent remarquable, et très beau une fois ou deux ; puis Ruy Gomez d'*Hernani*, Tyrrel des *Enfants d'Édouard*, et d'autres rôles encore dans les chefs-d'œuvre de la nouvelle école. Il se retira définitivement du théâtre en avril 1841, après une carrière de quarante-cinq ans, dont seize au Théâtre-Français.

Mentionnons encore mademoiselle Leverd, la jolie mademoiselle Émilie Leverd, très remarquée dans le rôle de Catherine de Médicis. Depuis la retraite de mademoiselle Contat, c'était elle qui tenait en chef, et d'une façon tout à fait distinguée, l'emploi des grandes coquettes. La comtesse, du *Mariage de Figaro* ; madame Patin, madame Évrard, la marquise, des *Trois Quartiers*, autant d'effigies qu'elle a marquées de son empreinte. Elle avait commencé par être danseuse à l'Opéra. Remarquée pour sa beauté, qui était des plus piquantes, elle s'était tournée vers la comédie sur les conseils d'un acteur du Théâtre-de-l'Impératrice, nommé Clozel. Après avoir heureusement débuté à ce théâtre, elle était entrée à la Comédie-Française comme pensionnaire ; puis, après la retraite de mademoiselle Contat, elle était passée sociétaire. Malheureusement pour elle, l'embonpoint qui l'envahit de bonne heure la força de changer d'emploi. Le succès ne lui étant pas demeuré fidèle, elle prit sa retraite et se maria à un M. Caseneuve. Elle mourut presque subitement dans un accès de suffocation en se levant de table; elle avait cinquante-neuf ans. On peut voir, dans le foyer des artistes du Théâtre-Français, à côté du portrait de mademoiselle Dumesnil, en robe rouge, celui de mademoiselle Leverd; et son buste en terre cuite, par Caffieri, dans le cabinet de l'administrateur général.

Mademoiselle Leverd avait, d'ailleurs, au plus haut point, la conscience et le souci de sa beauté, témoin l'anecdote suivante, que je retrouve dans un vieux journal de 1823 : « La petite vérole de mademoiselle Leverd étant à bout d'invasion, l'actrice, fort inquiète des ravages que le mal a dû creuser sur sa jolie figure, s'est fait présenter ce matin un miroir. Croirait-on que, de tous ses charmes, ce qu'elle regrette le plus est la disparition presque totale du petit trou de son menton? Pour y remédier, elle vient d'imaginer de mettre à cette place un pois sec, violemment contenu par une bande d'étoffe, dont la pression rétablira dans toute sa rondeur, cette attrayante niche d'amour (style Louis XV). Invocation de la coquetterie à la déesse Vaccine! »

On s'est beaucoup égayé aussi, dans le temps, du défaut de prononciation qui nuisait considérablement au succès de la jolie comédienne. Chez elle, en effet, le grasseyement était poussé au plus haut degré, et le *g* prenait perpétuellement la place de l'*r*. Ses camarades s'en amusaient, à son grand dépit. On raconte qu'un jour Firmin l'aborda, dans le foyer, avec un grand sérieux, en lui disant : « Chère amie, comment prononces-tu *Figaro*? — Pourquoi cette question? répondit Leverd ; je dis *Figago*. — Eh bien, oui, tu dis *Figago*, mais tu ne dis pas *Figaro*. » Transportée de colère, Leverd prit alors ses camarades à témoin : « Je vous demande si je n'ai pas dit *Figago*. » Et comme le fou rire gagnait tout le monde, la jolie actrice sortit furieuse, en jurant de se venger.

Un autre jour, c'était avec mademoiselle Bourgoin que la scène se passait. Une petite discussion s'étant élevée entre les deux artistes à propos de je ne sais quoi, mademoiselle Bourgoin, pour y mettre fin, imagina de prendre le bras de sa camarade et de faire le simulacre d'y imprimer les dents : « Ah! s'écria celle-ci, elle m'a *mogdue!* Je suis *engagée!* Faites-moi *cautéguiser!* » Et tout le monde d'éclater de rire !

Grâce à sa beauté, plus encore que grâce à son talent, mademoiselle Leverd avait acquis une fortune assez rondelette, dont elle tirait fort vanité. Invitée un jour à dîner chez mademoiselle Dupont, la Dorine de la rue Richelieu, elle dit devant les convives, qui tous étaient des gens de distinction : « Moi, j'aime beaucoup dîner chez toi, ma *chègue* Dupont, *pagce* qu'il n'y a que chez toi que je mange de *bons petits plats canailles.* »

Mademoiselle Leverd représentait à la Comédie-Française, avec mademoiselle Raucourt et madame Volnais, ce qu'on appelait le parti royaliste, par opposition au parti des impérialistes, représenté par Talma, mademoiselle Mars et mademoiselle Georges. Le public, dans son ardeur de fraîche date pour le nouveau régime, avait peine à pardonner aux acteurs restés fidèles à l'empereur, et, s'il ne les persécutait pas de son hostilité systématique, il exigeait tout au moins qu'en entrant en scène ils criassent :

« Vive le roi ! » Un jour mademoiselle Leverd et madame Volnais enchérirent encore sur les exigences du public et firent leur entrée dans *le Vieux Célibataire,* avec un gros bouquet de lis au côté.

Un dernier souvenir, à propos de la jolie mademoiselle Leverd. J'ai dit, ou laissé entendre, que sa très remarquable et très piquante beauté lui avait valu un grand nombre de succès de tout genre. L'un des plus connus parmi les héros de ses « adorables faiblesses », comme on disait dans la langue de ce temps-là, fut certain garde du corps de superbe prestance et de mine martiale, qui fit son chemin depuis, et mourut en 1869, après avoir joué, sous le second Empire, un rôle que personne encore n'a oublié, et donné son nom à une rue, débaptisée du reste récemment, la rue Magnan.

VI

Casimir Delavigne exilé à la Porte-Saint-Martin. — *Marino Faliero*. — Casimir Delavigne et lord Byron. — L'examen critique de *Marino Faliero*.— *Une Liaison*.— Débuts de madame Dorval à la Comédie-Française. — Mazères et Empis. — Empis, directeur du Théâtre-Français. — Ce que n'était pas la maison de Molière.

Le succès retentissant et prolongé d'*Henri III*, au Théâtre-Français, eut un résultat inattendu, qui fit grand tapage dans le Landerneau littéraire et académique.

Casimir Delavigne avait un *Marino Faliero* qui devait passer ce même hiver à la Comédie-Française, mais que le succès de la nouvelle pièce renvoyait forcément à l'hiver suivant. Or, la pensée de faire antichambre rue Richelieu, surtout par le fait d'un jeune auteur de la nouvelle école, était insupportable à l'homme habitué, depuis de longues années, à ne point connaître de rivaux. Cela n'était conforme ni à sa dignité ni à ses intérêts, cette dernière considération ayant son importance et pesant son poids, sinon auprès du poëte lui-même, tout au moins auprès de son entourage. C'est alors que Casimir Delavigne pensa à madame Dorval pour le rôle qu'il avait destiné à mademoiselle Mars, et qu'il porta son manuscrit au théâtre de la Porte-Saint-Martin.

Il est vrai que, dans la préface de son mélodrame en vers (c'est le sous-titre pompeux que porte la brochure de *Marino Faliero*), Casimir Delavigne cherche à expliquer de tout autre façon la résolution qu'il avait prise : « J'ai conçu, dit-il, l'espérance d'ouvrir une voie nouvelle où les auteurs qui suivront mon exemple pourront désormais marcher avec plus de hardiesse et de liberté ; où des acteurs, dont le talent n'avait pas l'occasion de se produire, pourront s'exercer dans un genre plus élevé. Le public a semblé comprendre les conséquences que devait avoir, dans l'intérêt de tous, cette tentative, et j'en attribue le succès à ses dispositions bienveillantes. » L'explication n'est pas très claire, et il ne semble pas que le poète ait bien su lui-même ce qu'il voulait dire par là.

Quoi qu'il en soit, lorsque la nouvelle se répandit dans le public, un frémissement d'indignation souleva toute la bourgeoisie lettrée, abonnée au *Constitutionnel* et aux *Débats*; et les *bons* journaux retentirent chaque matin de lamentations et d'imprécations sur cet exil du *barde national*, sur l'ingratitude de MM. les comédiens du roi et l'audace outrecuidante de l'usurpateur qui venait de chasser un roi couronné et sacré de son trône légitime.

Tout ce bruit, et la noble ambition de venger le grand homme injustement méconnu, ne pouvaient pas nuire, du reste, au succès de la pièce. La Porte-Saint-Martin, de son côté, se mit en frais; on engagea Ligier, alors à l'Odéon, pour jouer le vieux Faliero, à côté de madame Dorval, dont la réputation commençait à grandir. On annonçait en même temps que l'ouverture serait de Rossini, que Paul Delaroche se chargeait de dessiner les costumes, que l'ouvrage était monté avec un luxe inouï, et que les décorations avaient été commandées aux décorateurs ordinaires du Théâtre-Français. Tout cela était exact, d'ailleurs, et j'eus pour ma part à exécuter la décoration du troisième acte, qui représentait la place Saint-Jean-et-Paul à Venise, avec l'église d'un côté, le petit canal de l'autre, et, au milieu du théâtre, la célèbre statue équestre de Colleoni.

Grâce à toutes ces réclames, à tous ces articles de journaux qui avaient surexcité l'opinion, la pièce eut un grand succès le soir de la première représentation, bien que ni Ligier ni madame Dorval n'eussent complètement répondu à l'attente du public. Ce fut un acteur de second ordre, Gobert, dans un rôle secondaire, celui d'Israël Bertuccio, qui fit le plus de sensation.

Quant à la pièce elle-même, on la connaît. A part deux ou trois scènes à effet et quelques beaux vers, ce nouvel essai d'un genre bâtard, intermédiaire entre la tragédie et le mélodrame, est l'un des plus faibles ouvrages qui soient sortis de la plume de Casimir Delavigne.

Comme l'a dit quelqu'un, Casimir Delavigne était né quinze ans trop tôt pour entrer franchement dans la voie des rénovateurs romantiques;

aussi son allure fut-elle éternellement empêchée et flotta-t-il incessamment de Chénier à Shakespeare, et de Voltaire à Byron, sans parvenir à prendre une allure originale et personnelle.

Cette fois, c'était à Byron qu'il s'était adressé; mais il n'avait eu ni la puissance ni l'énergie nécessaires pour aborder franchement la vérité historique, respectée par le poète anglais; il en avait atténué les côtés audacieux, arrondi les pointes, et n'était arrivé, par suite, qu'à un résultat sans grandeur et sans éclat.

Ce qu'il y a de plus étrange, c'est que, dans sa préface, Casimir Delavigne ne pense qu'à une chose, c'est à se défendre, et non sans vivacité, d'avoir copié servilement la tragédie de Byron. « J'ai dû me rencontrer avec lui, dit-il, dans quelques scènes données par l'histoire; mais la marche de l'action, les ressorts qui la conduisent et la soutiennent, le développement des caractères et des passions qui la modifient et qui l'animent, tout est différent. Si je n'ai pas hésité à m'approprier plusieurs des inspirations d'un poète que j'admire autant que personne, plus souvent aussi je me suis mis en opposition avec lui pour rester moi-même. Ai-je eu tort ou raison? Que le lecteur compare et prononce! »

Ainsi, le trop naïf écrivain est à mille lieues de se douter que, lorsque, au lieu de s'élever à la hauteur de Byron, il s'arrête au tiers, au milieu tout au plus, de l'ascension, c'est parce que le souffle lui manque, et que, de la tragédie, il est obligé de se rabattre sur la *sentimentalité*, du drame sur le mélodrame.

Certes, le *Faliero* de Byron est loin d'être parfait. C'est une pièce informe, mal charpentée, mal conçue; mais une pensée dramatique la domine, et cette pensée est de l'histoire. Le caractère du principal personnage n'est point dans la forme ordinaire des héros de tragédie. Ce n'est pas un prince conspirant contre les libertés de son peuple, un ambitieux cherchant à s'approprier la souveraine puissance. Marino Faliero, élevé au pouvoir par ses exploits et les suffrages des patriciens, conspire contre la tyrannie, par vengeance il est vrai, mais aussi par *amour de la liberté*. Agis et Faliero sont les deux seuls souverains que l'histoire nous présente comme ayant conspiré en faveur de leurs peuples. Le caractère de Marino Faliero est donc éminemment original.

Byron, en outre, qui dédaignait les sentiers battus et qui, avant tout, respectait l'histoire, s'est bien gardé de faire de l'épouse du doge une femme criminelle. Le soupçon plane un moment sur sa tête, mais il se dissipe aussitôt.

Si Marino Faliero conspire, c'est surtout pour se venger de cette jeunesse railleuse, qui lui a fait l'injure d'écrire sur son fauteuil :

« Le doge tient la belle Angiolina pour femme, mais un autre l'a pour maitresse. »

Mais c'est une calomnie; malgré ses dix-huit ans, malgré les quatre-vingts ans de son vieux mari, la belle Angiolina est pure. Cette douce et lumineuse figure, qui représente le dévouement, au lieu d'exprimer le repentir, traverse la pièce comme une apparition délicieuse, et lui donne une élévation, une poésie tout à fait hors ligne.

Eh bien, croirait-on que Casimir Delavigne était très fier, au contraire, d'être passé à côté de cette touchante création, et d'avoir fait la femme du doge coupable? Son Helena (Helena, un nom plus commode sans doute au point de vue du vers, mais combien moins harmonieux et surtout combien moins vénitien que le doux nom d'Angiolina!), trompe son mari, ou plutôt elle l'a trompé dès avant le lever du rideau. Le premier vers de la première scène s'adresse à une écharpe qu'elle a brodée pour son amant, de sorte que l'auteur s'est, volontairement et de parti pris, refusé le seul moyen qu'il avait de nous la rendre intéressante, en la montrant du moins luttant contre son amour et ne succombant qu'emportée par la violence de la passion.

Le trop bienveillant auteur de l'*Examen critique* placé en tête du *Marino Faliero* de Casimir Delavigne, dans l'édition de ses œuvres complètes, fait également un grand éloge de cet artifice, dont le poète a tiré, selon lui, un effet prodigieux et l'élément le plus incontestable du succès qui a couronné sa tragédie ; « car, dit-il, l'essentiel et le difficile tout ensemble étaient de satisfaire le spectateur sur les causes qui précipitèrent le doge dans l'abîme de l'infamie et du malheur. » Et il ajoute : « Nous devons des beautés d'un autre genre à la faute d'Helena. Nous la voyons accablée du poids des remords, se relever, par un aveu déchirant, de l'humiliation où son crime l'a plongée. Cet aveu produit aussi, dans l'âme du vieillard, des mouvements sublimes de générosité et de grandeur d'âme :

nous trouvons là ce qui constitue la tragédie et la terreur; et, en pardonnant à Helena comme son mari lui a pardonné, nous sommes obligé de nous écrier : *O felix culpa!* ô faute heureuse! sans laquelle peut-être la tragédie de M. Casimir Delavigne n'eût pas été plus fortunée que celle de lord Byron! »

Il est certain que le *Faliero* de Byron, joué sur un théâtre de Londres après sa mort, et malgré sa défense expresse, n'eut aucun succès, et que la représentation n'en put même être achevée; et, pourtant, de quelle hauteur il domine le drame boursouflé, prétentieux, dépourvu d'imagination et d'invention dramatique, de Casimir Delavigne, où les plus simples vraisemblances historiques sont continuellement et outrageusement méconnues! Voyez-vous cette conspiration s'ourdissant à minuit, à Venise, en pleine place Saint-Marc, et ces cinquante conspirateurs criant à qui mieux mieux : « Mort à la République! » A Venise, et à minuit! à Venise, la ville du conseil des Dix et la ville où l'on ne se couche jamais tout à fait, où la moitié des habitants au moins veille, tandis que l'autre dort!

J'ai dit que, malgré sa faiblesse, la pièce eut

néanmoins un véritable succès de première représentation. Ce succès même se soutint assez longtemps pour que Dumas ait comparé certain jour ce mélodrame cacochyme à ces vieillards entêtés qui ne veulent pas descendre dans la tombe. Il eut au moins cela d'heureux que le directeur de la Porte-Saint-Martin se paya des sacrifices que lui avaient coûtés la mise en scène et les décors de la pièce.

Après les décors de *Marino Faliero*, le Théâtre-Français nous demanda diverses décorations d'intérieur, notamment pour *une Liaison*, grande comédie en cinq actes, en prose, de Mazères et Empis, représentée pour la première fois le 21 avril 1834.

Qu'il semble loin de nous, aujourd'hui, ce théâtre de la fin de la Restauration, dont les plus applaudis coryphées s'appelaient Picard, Alexandre Duval, et, après eux, Empis et Mazères ! Et combien peu, parmi les pièces qui eurent alors le plus de représentations, combien peu en est-il dont la lecture pourrait encore se supporter !

Pour ne parler que de Mazères, à part deux ou trois comédies peut-être, comme *les Trois*

Quartiers, le Jeune mari, la Mère et la Fille, qui se souvient du reste de son théâtre, lequel remplit cependant trois gros volumes in-octavo? Qui connaît encore aujourd'hui, seulement de nom, *l'Enfant trouvé, le Bon Garçon, Chacun de son côté, un Changement de ministère*, voire ces trois autres comédies plus rapprochées de nous par la date, sinon par le style, *l'Amitié des femmes, le Collier de perles, la Niaise*?

Quant à *une Liaison*, c'est une comédie de mœurs, où l'on sent par moment l'esprit et la main de l'homme du métier, mais qui n'en est pas moins, aussi bien comme fond que comme forme, de la plus déplorable faiblesse.

On sera peut-être curieux de se faire une idée, par l'examen de cette pièce, de ce qu'était notre théâtre, avant que la révolution dramatique inaugurée par les chefs de la nouvelle école se fût complètement implantée.

La scène se passe en Autriche, à Vienne, où le jeune Eugène de Rainville s'est réfugié pour vivre tranquillement avec madame de Saint-Brice, sa *liaison*. Sa mère l'y poursuit, et, pour l'arracher à madame de Saint-Brice, elle amène avec elle une jeune et charmante orpheline, qu'elle voudrait lui faire épouser. Eugène de Rainville, fatigué de sa maîtresse, se sent un penchant très vif pour la jeune orpheline; mais il est si indécis, il sait si peu ce qu'il veut, que, finalement, c'est madame de Saint-Brice qu'il épouse au nez et à la barbe de tout le monde.

Ce caractère peu intéressant est tracé avec une mollesse qui le fait paraître encore plus insipide. Celui de madame de Saint-Brice n'est guère plus heureux : à peine trouverait-on quelque chose à louer dans le rôle de la mère et dans celui de la jeune orpheline, qui a quelques éclairs de grâce. Mais le caractère le plus grotesque, c'est celui de certain diplomate, qui est bien le diplomate le plus fantastique que jamais auteur dramatique se soit avisé de crayonner. Ministre plénipotentiaire de Sa Majesté Impériale et Royale de Danemark, le baron Amédée-Tristan de Guttemberg a daigné jeter son mouchoir armorié à mademoiselle Augusta Kesler, première cantatrice du Grand-Théâtre; celle-ci voudrait bien se faire épouser, mais l'excellent baron se tient sur ses gardes, ainsi qu'il l'explique ingénument à madame de Rainville : « Il n'y a pas le moindre danger; à la première réticence un peu équivoque, je plante là cette chère mademoiselle Augusta Kesler, et le tout sans explications, sans larmes, sans reproches! Je suis un peu brutal dans mes ruptures... J'ai la poitrine délicate, et les scènes dramatiques ne me valent rien ! Un congé en bonne forme, des égards... et pas de pension! Je n'en fais pas; c'est un abus... »

On le voit, le style est à la hauteur des sentiments. Quel tact! quelle distinction ! Et pourtant, malgré le ridicule du dialogue, malgré l'inconcevable naïveté de la fable, on sent que l'auteur est un homme de théâtre. Comme le disait naguère M. Sarcey, à propos d'une reprise du *Jeune Mari :* « Ce pauvre Mazères, il écrivait avec l'innocence d'un élève de Scribe une langue qui ferait pâmer de rire le dernier des journalistes... et pourtant l'on rit, l'on rit beaucoup. Pourquoi ? C'est que c'est la situation. Les écrivains d'autrefois comptaient trop sur la situation ; ceux de notre temps ont le tort de la trop mépriser. C'est elle qui donne encore les succès les plus certains et les plus longs, puisque la comédie médiocre de Mazères est restée au répertoire et, malgré ses défauts, se fait écouter avec plaisir. »

Quant à *une Liaison,* elle n'est point demeurée au répertoire, elle disparut même assez rapidement de l'affiche, et c'est, dit-on, à la suite de cette demi-chute que « le spirituel auteur du *Jeune Mari* et des *Trois Quartiers* », comme on l'appelait dans les journaux d'alors, découragé par le refroidissement du public, renonça à écrire pour le théâtre. Louis-Philippe, qui se piquait parfois de protéger les lettres, en fit un préfet; plus tard encore, en 1857, l'Empire l'inscrivit pour une pension de deux mille francs sur sa cassette, toujours en qualité de littérateur.

Empis, qui fut le collaborateur de Mazères pour *une Liaison,* comme il l'avait été précédemment pour *la Mère et la Fille* et pour *un Changement de ministère,* eut une carrière quelque peu plus brillante que celui-ci, puisqu'il entra à l'Institut en 1847, en remplacement de M. de Jouy, et qu'il dirigea le Théâtre-Français de 1856 à 1859. Outre les trois pièces citées ci-dessus, Empis a donné encore, seul ou en collaboration, une série de livrets d'opéra et de tragédies lyriques (*Sapho, Jeanne d'Arc, Hercule à Trachine, l'Enlèvement des Sabines, Vendôme en Espagne, Romulus*), des drames qui ne manquent pas de hardiesse (*Bothwell*), des comédies en vers et en prose, dont quelques-unes avaient de très remarquables qualités de finesse et d'observation (*un Jeune Ménage*, avec Picard ; *l'Agiotage ou le Métier à la mode, Lambert Symnel ou le Mannequin par politique, le Généreux par vanité, la Dame et la Demoiselle, l'Ingénue à la cour, Lord Novart, Julie ou une Séparation, l'Héritière ou un Coup de partie*, etc.).

Comme directeur des Français, Empis remonta plusieurs pièces de l'ancien répertoire, qu'il voulut faire marcher de pair avec le nouveau. On se souvient encore à la suite de quel incident, tout à l'honneur de son caractère, il fut invité à donner sa démission. Si on l'avait oublié, voici quelques lignes de M. Sarcey, où le fait est rappelé d'une façon à la fois parfaitement exacte et singulièrement piquante :

« Le ministre voulait absolument qu'une jeune et aimable pensionnaire, fort connue par ses succès mondains, fût promue aux honneurs du sociétariat. M. Empis résistait, prévoyant un scandale. La veille même du jour où se devait faire l'élection, l'homme d'État fit venir l'administrateur et le pressa d'user de son influence pour imposer au comité la nomination de sa protégée ; il y mit une insistance si impérieuse, que M. Empis, poussé à bout, s'écria dans un moment de mauvaise humeur :

» — Mais, monsieur le ministre, la maison de Molière est un théâtre et non un...

» Il n'avait pas achevé la phrase qu'il était destitué, et l'on ne sut jamais au juste ce que n'était pas la maison de Molière. »

VII

Les Malcontents. — Histoire d'un *clair de lune* tout à fait réussi.—Harel, ou le Napoléon des directeurs.—Un ménage original. — Mademoiselle Georges, sa beauté sculpturale. — Aventures et conquêtes. — « Si j'ai séduit Cinna, j'en séduirai bien d'autres. » — Les *georgiens* et les *carcassiens*. — Carrière dramatique de mademoiselle Georges ; son début dans *Clytemnestre* en 1802, sa représentation d'adieu dans *Cléopâtre* en 1854.

« Connaissez-vous M. d'Épagny ? On joue une pièce de lui demain ou après-demain.

— Oui, *les Malcontents.* Il paraît qu'il y a dans la pièce un magnifique décor de Séchan. »

Ainsi commence le chapitre vi d'*une Vie d'artiste*, d'Alexandre Dumas.

M. d'Épagny, comme dit Dumas, était un excellent homme, tout cœur et tout flammes, connu surtout pour avoir donné, au Théâtre-Français, *Dominique ou le Possédé,* charmante petite pièce que Monrose père jouait d'une façon admirable. *Les Malcontents,* qui furent représentés à la Porte-Saint-Martin en 1834, avec mademoiselle Georges dans le principal rôle, n'eurent pas moins de soixante représentations de suite et ajoutèrent considérablement à la renommée de l'auteur.

Ces *Malcontents de 1579* (le vrai titre du mélodrame sur l'affiche) étaient une grande machine dramatico-historique, un peu compliquée, mais intéressante et mouvementée. Il s'agissait de cette échauffourée qui précéda la formation de la Ligue et dont le but était d'enlever et de tonsurer Henri III, pour proclamer à sa place son frère, le duc d'Anjou. Le vaillant Bussy d'Amboise, qui s'est mis à la tête de cette entreprise hasardeuse, aime la belle Isaure de Monsoreau, dame d'honneur de la reine Marguerite, laquelle Isaure est également aimée par Dugast, favori du roi. Marguerite, de son côté, aime Bussy ; et, pour le sauver et pour se venger en même temps du roi, elle pousse le mari d'Isaure, le jaloux Monsoreau, à faire assassiner Dugast. Mais les assassins se trompent, et c'est Bussy qu'ils égorgent, après, toutefois, que celui-ci eut tué lui-même Dugast. Le roi accourt, le désespoir au cœur ; mais, quand il reconnaît le cadavre de Bussy, il se rassure, et, pour punir Marguerite, il le lui montre avec une joie cruelle. Celle-ci alors, furieuse, entraîne Henri III jusqu'au corps de Dugast, abandonné un peu plus loin dans une mare de sang.

Quelques scènes de ce mélodrame rappellent la pièce de Dumas, *Henri III et sa Cour*; notamment, celle où Marguerite menace Isaure de la dénoncer à son mari si elle ne consent pas à donner un rendez-vous à Dugast, rendez-vous où elle se réserve de faire assister secrètement Bussy, pour le rendre témoin de la prétendue infidélité de sa maitresse. Mais ces ressemblances s'expliquent naturellement, puisque l'aventure attribuée par Dumas dans son drame à la duchesse de Guise était arrivée réellement, d'après les Mémoires du temps, à madame de Monsoreau.

Quant au « magnifique décor » dont il est question dans *une Vie d'artiste* du célèbre romancier, il représentait l'église du monastère des

Petits-Augustins, à Paris, avec le jardin des Pères derrière les portes du fond ; à droite, le cloître, séparé de l'église par une grille dorée ; à gauche, trois chapelles, dans de petites nefs, avec des tombeaux surmontés de trophées d'armes et d'*ex-voto*.

Cette décoration, dont le principal intérêt était la restitution consciencieusement étudiée du vieux Paris sous Henri III, me rappelle un des meilleurs et des plus amusants souvenirs de ma jeunesse.

Au moment où le rideau se levait sur la susdite décoration, l'horloge du couvent sonnait huit heures du soir, l'église et le cloître contigu étaient plongés dans une obscurité presque complète, et la pâle clarté de la lune, arrivant du jardin à travers la rosace en vitraux peints de la toile de fond, éclairait seule la scène.

Ce qui rendait précisément cet effet de clair de lune saisissant, c'était l'obscurité profonde de toute la partie du théâtre laissée dans l'ombre. Or, à cette époque, la rampe était formée de becs à huile, et l'on ne pouvait pas les baisser assez pour empêcher tout à fait une traînée de lumière d'arriver sur la scène.

Le soir de la première représentation, à l'instant même où l'on frappait les trois coups pour le cinquième acte, une inspiration subite me traversa l'esprit et je persuadai au chef lampiste, en lui promettant de prendre tout sur moi, en cas d'accident, d'éteindre complètement la rampe au lieu de la baisser simplement.

L'ordre exécuté, il y eut un moment de stupeur sur la scène et dans les coulisses. L'auteur, M. d'Épagny, le directeur Harel, le régisseur, les acteurs, les machinistes, tout le monde tremblait, épouvanté par la hardiesse de cette tentative; mais il était trop tard pour rallumer la rampe, les trois coups étaient frappés, le public commençait à s'impatienter; il fallut bien se décider à lever le rideau.

Heureusement, tout le monde fut bientôt rassuré, et les applaudissements nourris qui saluèrent mon clair de lune improvisé vinrent donner raison à mon audacieuse initiative.

Depuis, cet effet a été imité bien des fois, j'eus le petit mérite d'y avoir pensé le premier.

Harel, le directeur de la Porte-Saint-Martin, dont le nom s'est présenté tout à l'heure sous ma plume, était une des physionomies les plus curieuses du Paris d'alors.

C'était un petit homme bruyant, remuant, loquace, et d'une gaieté un peu fiévreuse qui devait plus tard, comme celle de ce pauvre Monrose, s'échauffer de plus en plus et finir par lui incendier le cerveau. Il était plein d'esprit ; au dire même de Dumas, qui avait bien quelque compétence en pareille matière, c'était l'homme le plus spirituel de son époque.

Avant de se faire directeur de théâtre, Harel, qui était neveu du littérateur Luce de Lancival, avait figuré comme auditeur au conseil d'État. Nommé, au bout de deux ans, sous-préfet de Soissons, il était passé préfet des Landes pendant les Cent-Jours, ce qui lui avait valu l'exil au retour des Bourbons. Ramené en France par l'amnistie, il avait d'abord fondé un journal, *le Miroir*; puis il était devenu successivement directeur de l'Odéon et de la Porte-Saint-Martin.

Comme directeur, il se montra extrêmement habile, plein d'initiative et d'une fécondité de ressources inépuisable. Malheureusement, les circonstances absolument défavorables où il se trouva engagé firent que les plus beaux succès de sa direction à l'Odéon avortèrent presque tous misérablement. Les troubles qui signalèrent les débuts du règne de Louis-Philippe, l'enterrement du général Lamarque, les fusillades de la rue Transnonain, les massacres du cloître Saint-Merry vinrent détruire tour à tour ses plus légitimes espérances. Puis les susceptibilités du pouvoir et l'interdiction du *Pacte de famine* et de *Vautrin* lui donnèrent le coup de grâce.

La mauvaise fortune le suivit au théâtre de la Porte-Saint-Martin, malgré les efforts, le talent et la beauté de mademoiselle Georges et malgré le succès retentissant de *la Tour de Nesle*, de *Marie Tudor*, de *Lucrèce Borgia*, de *Marguerite de Bourgogne*, et autres chefs-d'œuvre de la littérature romantique.

Il se mit alors à la tête d'une troupe de comédiens, et, pour fuir ses créanciers, il courut la province et passa même à l'étranger.

Quand il revint, il se fit auteur dramatique et donna à l'Odéon *le Succès*, comédie en deux actes, et à la Comédie-Française *les Petits et les Grands*, comédie en cinq actes, en prose, qui fut assez bien accueillie.

Il mourut à Paris, en 1846, après une vie fort accidentée, couronnée par une paralysie du cerveau.

Ce qui fit l'originalité d'Harel comme directeur, et ce qui contribua, sans doute, en même temps, à l'empêcher de réussir, c'est qu'il a été l'un des derniers spécimens de l'esprit et de la fantaisie appliqués à la direction d'un théâtre. Le mérite commercial, la principale qualité exigée aujourd'hui d'une profession qui, comme on l'a dit, n'a rien de commun avec le commerce, si ce n'est la faillite, lui faisait complètement défaut. Il ne se plaisait, d'ailleurs, et n'était vraiment lui-même qu'au milieu des bourrasques. « C'était, assurait quelqu'un qui le connaissait bien, une âme paresseuse que la fièvre des affaires affolait et qui éclatait alors en gerbes éblouissantes. Il dut aux huissiers de Paris la moitié de son génie. »

Ce *Napoléon des directeurs*, comme on l'a appelé, avait un esprit d'une fantaisie originale et charmante. Ses mots sont restés célèbres.

Quelqu'un le rencontre un soir et lui dit qu'il fatigue beaucoup trop mademoiselle Georges en la faisant jouer sans relâche sur un théâtre aussi vaste que celui de la Porte-Saint-Martin.

— Point du tout, répond Harel : je lui laisse un jour par semaine, le dimanche... pour mettre des sangsues.

Un autre jour qu'il se tenait sur les marches de son théâtre, le chapeau sous le bras et affectant d'interroger l'horizon pour voir de quel côté soufflait le vent, un de ses amis passe par là, et, surpris de ce manège, lui demande ce qu'il fait ainsi tête nue et regardant les nuages.

— J'attends un succès ! dit-il.

On se souvient sans doute aussi de la réclame abracadabrante qu'il fit insérer dans les journaux, pendant les représentations de *Dix ans de la vie d'une femme,* en 1832, alors que le choléra enlevait de sept à huit cents personnes par jour, ce qui, naturellement, ne laissait pas de faire le vide dans les théâtres : « On a remarqué avec étonnement que les salles de spectacle étaient les seuls endroits publics où, quel que fût le nombre des spectateurs, aucun cas de choléra ne s'était encore manifesté. Nous livrons ce fait *incontestable* à l'investigation de la science. »

Et les mirifiques annonces qu'il faisait afficher dans ses tournées en province avec mademoiselle Georges : « Mademoiselle Georges jouera avec tous ses diamants fins ! » ou même, dans les grands jours : « Mademoiselle Georges n'a rien de faux ! »

Je ne m'arrêterais point, si je voulais tout citer. Encore un souvenir, cependant, qui semble détaché d'un passage du *Roman comique*. Condamné bien malgré lui à la plus stricte économie dans les derniers temps de sa direction à la Porte-Saint-Martin, n'eut-il pas l'idée bizarre de faire recouvrir les banquettes avec de vieilles décorations! Il arriva naturellement que la peinture restée sur ces morceaux de toile déteignit contre les robes et les pantalons des spectateurs, « de sorte que, disait un journal, les uns emportaient l'empreinte d'une corbeille ou d'un visage, les autres celle d'une espagnolette ou d'un chandelier, et tous de grosses taches à l'endroit qui n'a pas besoin de pareilles enseignes ». « Ce serait le cas, » ajoutait la susdite feuille, « de revenir à cette recommandation qu'il faut laver ses décorations sales, aussi bien que son linge, en famille. »

Quoi de plus amusant également que cette scène de haute comédie jouée aux Tuileries entre le roi Louis-Philippe et Harel, et où le dernier mot ne resta pas au spirituel et fantaisiste directeur? Ce jour-là, se trouvant de service au *Château* en sa qualité de chef de bataillon de la garde nationale, et, par suite, admis à dîner à la table du roi, Harel enchanta Louis-Philippe par sa verve étincelante et sa gaieté; puis, voyant celui-ci en belle humeur, il en profita pour solliciter une audience particulière, et demanda sans plus de façon à son royal amphitryon de lui prêter les trente mille francs qui lui étaient indispensables pour éviter une faillite imminente.

— Moi, vous prêter trente mille francs? s'écria Louis-Philippe. Trente mille francs, mon pauvre monsieur Harel! Mais, si je vous les devais, je serais obligé de vous demander du temps pour vous les payer!

Harel, qui avait été fort joli garçon dans sa jeunesse (ses traits rappelaient beaucoup ceux de la charmante mademoiselle Leverd), est célèbre également par sa longue liaison avec mademoiselle Georges. Cette liaison était, d'ailleurs, une association plutôt qu'une liaison. C'était la fantaisie, la gaieté d'Harel que mademoiselle Georges adorait; elle ne pouvait se passer d'entendre cliqueter à ses oreilles ce brillant et amusant esprit; quant au reste, elle laissait son aimable partenaire parfaitement libre d'en disposer en faveur de qui lui agréerait.

La beauté de mademoiselle Georges est demeurée fameuse. Depuis l'abbé Geoffroy, qui la comparait à celle de la belle Hélène, jusqu'à Jules Janin, Paul Foucher, Théophile Gautier, les plus célèbres critiques ont célébré avec enthousiasme cette beauté splendide et majestueuse.

Lorsqu'elle débuta au Théâtre-Français, à l'âge de quinze ans, elle n'eut qu'à se montrer, comme Phryné devant l'Aréopage, pour vaincre. « Qu'elle est belle! » tel fut le cri de la salle entière. Personne ne s'occupa de discuter ni d'analyser son talent; on l'accepta d'acclamation pour sa rayonnante beauté, pour sa taille de reine, pour le timbre pur et sonore de sa voix.

Et, le lendemain, les journaux célébraient le triomphe de la débutante dans ce style pompeux et imagé qui était celui de l'époque : « Sa figure réunit aux grâces françaises la régularité et la noblesse des formes grecques. Sa taille est celle de la sœur d'Apollon; lorsqu'elle s'avance vers l'Eurotas, environnée de ses nymphes, et que sa tête s'élève au-dessus d'elles; toute sa personne est faite pour offrir un modèle au pinceau de Guérin. Dans ce beau corps, il y a une âme impatiente de s'épancher; ce n'est pas une statue de marbre de Paros, c'est la Galathée de Pygmalion, pleine de chaleur et de vie, et en quelque sorte oppressée par la foule des sentiments nouveaux qui s'élèvent de son sein. »

Son portrait a été fait par tout le monde; mais personne n'en a parlé avec plus d'éclat et plus de précision à la fois que Théophile Gauthier, ce grand admirateur et ce merveilleux peintre de la forme.

« Mademoiselle Georges, a-t-il dit, ressemble à s'y méprendre à une médaille de Syracuse ou à une des Isis des bas-reliefs éginétiques. L'arc de ses sourcils, tracé avec une pureté et une finesse incomparables, s'étend sur deux yeux noirs pleins de flammes et d'éclairs tragiques; le nez, mince et droit, coupé d'une narine oblique et passionnément dilatée, s'unit avec son front par une ligne d'une simplicité magnifique; la bouche est puissante, aiguë à ses coins, superbement dédaigneuse, comme celle de la Némésis vengeresse qui attend l'heure de démuseler son lion aux ongles d'airain. Cette bouche a pourtant de charmants sourires épanouis avec une grâce tout impériale, et on ne dirait pas, quand elle veut exprimer les passions tendres, qu'elle vient de lancer l'imprécation antique ou l'anathème moderne. Le menton, plein de force et de résolution, se relève fermement et termine par un contour majestueux ce profil, qui est plutôt d'une déesse que d'une femme. Comme toutes les belles femmes du cycle païen, mademoiselle Georges a le front plein, large, renflé aux tempes, mais peu élevé, assez semblable à celui de la Vénus de Milo, un front volontaire, voluptueux et puissant, qui convient également à la Clytemnestre et à la Messaline... Une singularité remarquable du col de mademoiselle Georges, c'est qu'au lieu de s'arrondir antérieurement du côté de la nuque, il forme un contour renflé et soutenu qui lie les épaules au fond de la tête sans aucune sinuosité. L'attache des bras a quelque chose de formidable par la vigueur des muscles et la violence du contour; un de ses bracelets d'épaule ferait une ceinture pour une femme de taille moyenne; mais ils sont très blancs, très purs, terminés par un poignet d'une délicatesse enfantine et par des mains mignonnes, frappées de fossettes, de vraies mains royales faites pour porter le sceptre ou pétrir le manche du poignard d'Eschyle et d'Euripide... Mademoiselle Georges est une admirable statue à poser sur le tombeau de la tragédie, ensevelie à tout jamais. »

Ce merveilleux croquis, si complet et si précis à la fois, est ce qui m'a toujours rappelé le mieux la beauté sculpturale de mademoiselle Georges, avec le splendide portrait de la collection Pourtalès, par le baron Gérard, que tout le monde a pu voir en 1874 à l'Exposition du Corps législatif au profit des Alsaciens-Lorrains.

On a pu dire de mademoiselle Georges qu'elle tint réellement, pendant vingt ans et plus, le sceptre de la beauté ; à telles enseignes, que, parmi les admirateurs de ses charmes, elle compta deux empereurs et trois ou quatre rois. Comme Cléopâtre, elle put voir à ses genoux le maître du monde ; et la nouvelle de cette glorieuse victoire ayant transpiré dans le public, lorsque, quelques jours après, la superbe tragédienne, jouant le rôle d'Émilie, en vint à ce vers, qu'elle prononçait, d'ailleurs, avec une fierté vraiment romaine :

« Si j'ai séduit Cinna, j'en séduirai bien d'autres! » la salle tout entière se tourna vers la loge du premier consul et éclata en applaudissements.

Un autre effet de cette conquête quasi impériale fut de diviser les artistes et les habitués du Théâtre-Français en deux partis dramatiques et presque politiques, les partisans de mademoiselle Georges et les partisans de mademoiselle Duchesnois, ou, comme on les appelait, les *georgiens* et les *carcassiens* (*carcassiens* au lieu de *circassiens*, par une allusion d'un goût peu délicat à l'extrême maigreur de mademoiselle Duchesnois). Lucien Bonaparte, lequel passait, de son côté, pour fort heureux auprès de la belle artiste, madame Lætitia, madame Bacciocchi, étaient à la tête des *georgiens*. Joséphine s'était jetée, au contraire, à corps perdu du côté des *carcassiens*. Quant à Cambacérès, ajoutaient plaisamment les petits journaux du temps, il était neutre.

Jusqu'à la fin de sa vie, mademoiselle Georges conserva un culte pour la mémoire du grand homme qu'elle avait tenu à ses pieds. En 1814, au retour du drapeau blanc, elle ne craignit point de se montrer à une fenêtre du boulevard avec un gros bouquet de violettes à son corsage, quand toutes ses camarades portaient des fleurs de lis; ce qu'ayant appris le duc de Duras, surintendant des beaux-arts, la trop fidèle tragédienne fut immédiatement cassée aux gages comme sociétaire de la Comédie-Française.

Plus tard, en 1822, quand elle reparut sur la scène de l'Odéon, cette réapparition fut saluée par l'opposition d'alors comme un retour de Sainte-Hélène.

Alexandre Dumas, qui avait beaucoup connu mademoiselle Georges, et qui avait été admis familièrement dans son intimité, a parlé d'elle dans ses Mémoires avec sa verve gasconne qui ne reculait devant aucune indiscrétion ; il nous l'a montrée en déshabillé, et même un peu davantage encore.

« A part les choses de théâtre, dit-il, pour lesquelles elle était toujours prête, Georges était d'une paresse incroyable. Grande, majestueuse, connaissant sa beauté, elle aimait à rester couchée sur un grand canapé : l'hiver, dans des robes de velours, dans des vitchouras de fourrure, dans des cachemires de l'Inde; et, l'été, dans des peignoirs de batiste ou de mousseline.

Ainsi étendue dans une pose toujours nonchalante et gracieuse, Georges recevait la visite des étrangers, tantôt avec la majesté d'une matrone romaine, tantôt avec le sourire d'une courtisane grecque; tandis que des plis de sa robe, de ses châles, des entre-bâillements de ses peignoirs, sortaient, pareilles à des cous de serpents, les têtes de deux ou trois lévriers de la plus belle race. D'une propreté proverbiale, elle faisait une première toilette avant d'entrer au bain, afin de ne point salir l'eau dans laquelle elle allait rester une heure; là, elle recevait ses familiers, rattachant de temps en temps, avec des épingles d'or, ses cheveux qui se dénouaient, et qui lui donnaient, en se dénouant, l'occasion de sortir entièrement de l'eau des bras splendides, et le haut, parfois même le bas, d'une gorge qu'on eût dite taillée dans le marbre de Paros. Et, chose étrange, ces mouvements qui, chez une autre femme, eussent été provocants et lascifs, étaient simples et naturels chez Georges, et pareils à ceux d'une Grecque du temps d'Homère ou de Phidias. Belle comme une statue, elle ne semblait, pas plus qu'une statue, étonnée de sa nudité, et elle eût, j'en suis sûr, été bien surprise qu'un amant jaloux lui eût défendu de se faire voir ainsi dans sa baignoire, soulevant, comme une nymphe de la mer, l'eau avec ses épaules et ses seins blancs.»

Si je m'arrête à ces détails sur la beauté de mademoiselle Georges, c'est que cette beauté était véritablement extraordinaire; mais je me hâte d'ajouter que ses grandes qualités de tragédienne la rendaient également digne de tenir le premier rang sur la scène française, toute question de beauté à part. Peu d'artistes de ce siècle ont pu se vanter, en effet, d'avoir parcouru une carrière dramatique plus brillante, plus remplie et plus longue. Cinquante-deux ans s'écoulèrent depuis ses débuts jusqu'à sa représentation de retraite, cinquante-deux ans, pendant lesquels elle fournit au moins quarante années de services des plus actifs.

J'ai dit qu'elle avait débuté au Théâtre-Français en 1802 (le 19 novembre 1802, pour être plus exact), dans le rôle de Clytemnestre, d'*Iphigénie en Aulide*. C'était mademoiselle Raucourt qui l'avait rencontrée à Amiens, chez son père, un musicien allemand nommé Georges Weymer, lequel dirigeait le théâtre de cette ville, et l'avait emmenée à Paris avec elle.

A ce moment, le sceptre de Melpomène, comme on disait alors, était aux mains de mademoiselle Duchesnois qui, sous un masque ingrat, avait du souffle et un talent de premier ordre. Jamais on n'exprima les sentiments de l'amour d'une manière plus touchante, plus incisive, plus passionnée.

Justement Duchesnois avait joué, l'avant-veille du jour où débuta mademoiselle Georges, ce même rôle de Clytemnestre, dans lequel celle-ci allait affronter la lutte pour la première fois.

Malgré tout, le succès de la débutante, annoncé d'ailleurs à l'avance, fut complet. Sa jeunesse, sa beauté, cette splendeur « qui était comme le cantique même de la nature triomphante », dépassèrent l'attente du public. A peine se fut-elle montrée, à peine eut-elle récité quelques vers de son rôle, que l'admiration, la surprise, le saisissement éclatèrent en un tonnerre d'applaudissements partis de tous les points de la salle, et qui se prolongèrent pendant plusieurs minutes. C'est tout au plus s'il se trouva quelques vieux habitués, plus aguerris et moins impressionnés par la beauté physique, pour faire quelques réserves, « pour reconnaître dans le jeu de la nouvelle actrice, plus d'intelligence et d'imitation que d'âme et de chaleur véritables, et pour lui reprocher de trop précipiter ses gestes et ses paroles ; de n'avoir point de dignité que par moments, de ne point savoir écouter en scène, d'exagérer l'action de son regard et de ses yeux, de ne point savoir gouverner sa physionomie et de grimacer son visage ; et enfin de trop calquer sa manière sur celle de mademoiselle Raucourt ». *(Le Courrier des Spectacles.)*

Après Clytemnestre, mademoiselle Georges joua, avec le même succès, Aménaïde de *Tancrède*, puis Idamé de *l'Orphelin de la Chine*. Après quoi, elle prit possession, concurremment avec Duchesnois, de tous les grands rôles du répertoire. La rivalité des deux tragédiennes partagea le public en deux camps, comme je le disais plus haut, et rappela par sa violence la lutte mémorable qui avait signalé, au siècle précédent, les débuts de madame Saint-Val l'aînée et de madame Vestris. Cette rivalité était, d'ailleurs, d'autant moins justifiée, que les deux artistes n'offraient guère de points de comparaison entre elles. Mademoiselle Duchesnois possédait toutes les qualités qui faisaient défaut à mademoiselle Georges, qui, de son côté, était douée de celles qui manquaient à sa rivale.

Cet antagonisme furieux n'en dura pas moins jusqu'en mai 1808, époque à laquelle mademoiselle Georges quitta subrepticement la Comédie-Française et la France elle-même pour la Russie, où l'appelait un engagement extrêmement avantageux. Les petits journaux ne manquèrent point de remarquer que cette fugue coïncidait avec la subite disparition du danseur en vogue de l'Opéra, Duprat. Mais la vérité, autant qu'on peut l'établir en pareille matière, c'est que, si Duprat était engagé comme elle-même au théâtre de Saint-Pétersbourg, il ne fut, du moins, pour rien dans son brusque départ de la Comédie-Française.

Mademoiselle Georges resta près de six ans en Russie ; puis elle revint en France et rentra à la Comédie-Française, qui voulut bien se prêter à un arrangement. Elle fit sa rentrée le 29 septembre 1813, dans ce même rôle de Clytemnestre, qui avait été son rôle de début. On trouva généralement que son équipée n'avait pas nui, bien au contraire, au développement de son talent ; son débit était plus ferme, sa diction plus variée, ses intonations plus justes, son jeu plus retenu, sa démarche plus noble, sa chaleur mieux soutenue. Talma, qui était alors en pleine possession de son génie, lui donna des conseils précieux, dont elle tira un merveilleux parti. C'est à Talma, on peut le dire, qu'elle dut la science de son art, qu'elle possédait à un si haut degré, et cette imposante noblesse dans la vérité, qui lui permit d'aborder plus tard tous les genres, même le mélodrame le plus vulgaire, sans cesser un instant d'être grande et majestueuse.

Cependant, Duchesnois régnant toujours au Théâtre-Français, mademoiselle Georges émigra à l'Odéon, où elle se produisit fréquemment dans l'ancien répertoire tragique, en actrice familiarisée avec l'exercice de son art. Elle y créa avec succès plusieurs rôles importants dans des tragédies nouvelles, notamment Jeanne d'Arc dans la pièce de Soumet, Agrippine dans *une Fête sous Néron*, et la maréchale d'Ancre, qui donne son nom au drame d'Alfred de Vigny.

Puis elle parcourut la province avec une troupe volante, en compagnie d'Harel, jusqu'à la nomination de celui-ci comme directeur de l'Odéon. Elle reparut alors sur cette scène ; puis, l'entreprise n'ayant point réussi, elle partagea la mauvaise fortune de son directeur et le suivit à la Porte-Saint-Martin.

C'est de cette époque que date véritablement sa grande renommée ; c'est à cette époque également que je la connus et la suivis dans toutes ses créations. Pendant les neuf ans qu'elle passa sur cette scène, elle se fit, avec Frédérick Lemaître et madame Dorval, l'interprète de l'école romantique, et, si elle dut à cette école une partie de sa réputation, celle-ci lui dut, à son tour, ses plus puissants coups d'aile et son plus vif éclat.

« Mademoiselle Georges, écrivait Victor Hugo après *Lucrèce Borgia*, passe, comme elle veut et sans effort, du pathétique tendre au pathétique terrible. Elle fait applaudir et elle fait pleurer. Elle est sublime comme Hécube et touchante comme Desdemona. »

Et, après *Marion Delorme :* « Depuis le sourire charmant par lequel elle ouvre le second acte, jusqu'au cri déchirant par lequel elle clôt la pièce, il n'y a pas une des nuances de son talent qu'elle ne mette admirablement en lumière. Elle crée, dans la création même du poète, quelque chose qui étonne et qui ravit l'auteur lui-même ; elle caresse, elle effraye, elle attendrit, et c'est un miracle de son talent que la même femme qui vient de vous faire tant frémir vous fasse tant pleurer. »

En même temps que mademoiselle Georges attachait son nom aux brillantes et poétiques créations d'Hugo, de Vigny, de Dumas, de Mallefille et autres, elle soutenait de la magnificence de son génie d'assez piètres mélodrames, dont on oubliait les défauts devant le jeu de la grande artiste et devant sa puissance. « Elle vainquit avec les poètes, dit Édouard Plouvier dans une étude remarquable, et sut faire une gloire d'un jour aux œuvres qui, pour entrer au Temple de l'Avenir, manquaient du style, cette clef d'or. »

C'est ainsi que la même artiste qui jouait *Christine*, *la Tour de Nesle*, *Lucrèce Borgia*, *Marie Tudor*, jouait *Perrinet Leclerc*, *la Chambre ardente*, *la Famille Moronval*, *les Malcontents*, *le Manoir de Montlouvier*, *la Guerre des Servantes*, *Jeanne de Naples*, *Isabeau de Bavière*, *la Marquise de Brinvilliers*, *les Sept Infants de Lara*, *la*

Vénitienne, *l'Impératrice et la Juive*, et *la Nonne sanglante*.

Cela dura jusqu'au mois de mai 1840, où, Harel ayant été déclaré en faillite, elle dut reprendre ses longues pérégrinations en province, qui finirent par accentuer les imperfections de son beau talent et surtout par imprimer à son jeu une exagération regrettable.

L'âge venait en même temps, et avec l'âge un embonpoint excessif. Malheureusement, l'existence instable et précaire qu'elle avait menée ne lui avait point permis d'amasser des revenus. Dès que le succès commença à s'éloigner d'elle, elle ne tarda pas à sentir la gêne et se vit souvent réduite à recourir aux expédients.

Après avoir donné sa représentation de retraite au Théâtre-Français, en mai 1849, dans Clytemnestre d'*Iphigénie* (Rachel jouant Ériphile), elle tenta de se créer des moyens d'existence en fondant une classe d'élèves ; mais les résultats ne répondirent pas à son attente, et l'insuffisance des ressources qu'elle en retirait la ramena forcément sur la scène. C'est ainsi que, pendant les années 1854 et 1855, elle reparut, tantôt à l'Odéon, tantôt à la Porte-Saint-Martin, tantôt à la Gaîté; mais partout elle ne fit que donner à ses admirateurs le regret du passé.

Entre-temps, elle avait été appelée aux fonctions d'inspectrice au Conservatoire, remplies, avant elle, par mademoiselle Mars.

Elle mourut à Passy, le 11 janvier 1867, âgée de près de quatre-vingts ans (elle était née à Bayeux le 23 février 1787) et fut inhumée au cimetière de l'Est.

Je ne l'avais plus revue depuis la représentation d'adieu (la dernière, car elle en donna plusieurs) qu'elle avait donnée au Théâtre-Français dans l'hiver de 1854.

Ce soir-là, je m'en souviens encore très nettement, la représentation se composait de *Rodogune* et du *Malade imaginaire* avec la *Cérémonie*.

Lorsque l'on vit Cléopâtre paraître sur la scène, vêtue de noir, avec la couronne d'or pointée de perles en tête, un frémissement courut dans la salle. Jamais plus grande physionomie ne produisit plus saisissant effet; et l'on entendit, comme cinquante-deux ans plus tôt, au jour de son début, ce mot s'échapper de toutes les poitrines : « Qu'elle est belle ! »

VIII

La Passion secrète. — Débuts de mademoiselle Plessy. — *La Jeunesse de Henry V.* — Fleury. — Plaisante aventure d'Alexandre Duval et de Mercier. — Alexandre Duval : sa lutte héroïque contre les progrès de l'école romantique et en particulier contre Scribe. — « Si vous le nommez, vous me ferez mourir. » — *Une Aventure sous Charles IX.* — Ligier. — *Heureuse comme une princesse.* — Le style du papa Ancelot. — Débuts de Samson.

Dans le courant de l'année 1834, la Comédie-Française nous demanda diverses décorations pour quatre pièces de Scribe, d'Alexandre Duval, de Frédéric Soulié et d'Ancelot, qui n'étaient point sans mérite et qui eurent, toutes les quatre, un certain succès.

La première, *la Passion secrète*, est une comédie de mœurs en trois actes, qui nous montre les intérieurs des financiers du temps, des financiers de la société de Scribe, bien entendu. La passion secrète qui dévore l'héroïne de la pièce n'a point du tout pour objet, comme on pourrait le croire, un aimable colonel au galant uniforme, mais le jeu simplement, le jeu et la spéculation; cette passion, assurément peu commune chez une femme, à laquelle s'abandonne Albertine, à l'insu de son mari et de tout le monde, l'entraîne si loin qu'elle est sur le point de lui sacrifier jusqu'à son honneur, quand elle est sauvée, au moment *psychologique*, par l'intervention d'un bon jeune homme.

Il fallait l'invention dramatique, dont Scribe avait le secret, pour tirer de cette donnée peu poétique une comédie intéressante; deux scènes surtout décidèrent du succès : une scène périlleuse du troisième acte, qui passa de haute lutte, et une scène toute charmante par laquelle le drame se termine fort heureusement.

La Passion secrète était fort bien jouée, d'ailleurs : mademoiselle Mars remplissait le principal rôle, et les autres étaient tenus par Geffroy,

Firmin, Samson, Regnier et la toute jeune mademoiselle Plessy.

Celle-ci venait de débuter, trois jours auparavant, par le rôle d'Emma dans *la Fille d'honneur*, d'Alexandre Duval, et par celui de Jenny dans *l'Hôtel garni*, de Désaugiers et de Gentil. Elle n'avait pas encore tout à fait ses quinze ans révolus. Sa beauté, l'aisance minaudière de son jeu, non moins que son extrême jeunesse et sa fraîcheur, lui avaient gagné tous les suffrages du premier coup.

Un frisson général de surprise et de plaisir, disait le lendemain un journal fort répandu, parcourut les galeries et le parterre. On crut avoir enfin trouvé ce qu'on cherchait depuis si longtemps une jeune et belle personne à qui l'on pourrait confier une partie des rôles de mademoiselle Mars (Emma, Charlotte, Betty, etc.), répertoire charmant dont le public était sevré, depuis que la grande actrice, en butte aux injures de l'âge, abandonnait l'une après l'autre ses créations les plus glorieuses.

Ajoutons bien vite que, en dépit de sa réputation, mademoiselle Mars se montra généreuse et bonne en cette occasion et qu'elle se fit la conseillère empressée de la jeune artiste qu'on lui donnait déjà pour héritière.

Seul, Charles Maurice, le venimeux rédacteur du *Courrier des Théâtres*, protesta contre l'exagération des éloges et contre la frénésie des applaudissements qui avaient accueilli la débutante et qui risquaient d'étouffer en germe son talent naissant.

« Vert-Vert mourut sur des dragées, dit-il. Certes, il y a de la gentillesse, quoique un peu étudiée, de l'esprit, quoique un peu prodigué, et déjà de l'actrice, trop peut-être, chez elle. Mais là se bornent ces qualités du moment, que favorise un agréable et jeune extérieur. Si l'on veut leur donner de l'avenir, il importe de ne pas les étouffer sous des applaudissements sans mesure comme sans justesse, et de laisser à l'étude, à l'expérience, aux bons conseils et aux libres impressions des spectateurs le soin de développer d'heureux germes et de fonder une réputation sur des progrès. »

Mais ce fut la seule note discordante dans le concert de louanges enthousiastes qui saluèrent les débuts de mademoiselle Plessy. Son rôle dans *la Passion secrète* était des plus charmants, d'ailleurs : il éclairait de sa gaieté jeune cette pièce quelque peu froide. Cœlie (tel était le nom du rôle) est une toute jeune fille très ingénue, mais très vive et pétulante, qui aime sans trop se l'avouer, ou plutôt sans trop s'en rendre compte, et qui laisse percer naïvement, devant tout le monde, l'amour qu'elle a dans le cœur.

Mademoiselle Plessy fut ravissante dans ce rôle délicieux, qui semblait écrit tout exprès pour elle.

Son succès l'enchanta au point de lui faire perdre la tête. « La jeune débutante, lisons-nous dans un petit journal du temps, est au septième ciel. On la voit courir, la folle enfant, de sa loge au théâtre et du théâtre à sa loge. Elle va et vient, parlant, chantant, questionnant, remerciant, voulant embrasser tout le monde, même le machiniste, qu'elle appelle *son cher machiniste.* »

Scribe ne fut pas le moins enchanté de la jeune artiste ; aussi lui confia-t-il, cette même année, le rôle de Marguerite dans *l'Ambitieux* et, deux ans après, celui d'Agathe, dans *la Camaraderie*, qui achevèrent de la mettre hors de pair. Dès lors, on put pressentir la grande coquette qui, durant trente années et plus, devait tenir la place que l'on sait à la Comédie-Française, également supérieure dans le répertoire classique, depuis Molière et Racine jusqu'à Marivaux et Sedaine, et dans le répertoire moderne depuis Scribe, Musset, Augier, jusqu'à Feuillet et Pailleron.

Elle avait reçu de la nature de merveilleuses qualités, dont les principales étaient une beauté éclatante, un timbre de voix enchanteur, une prestance noble et élevée, une distinction de patricienne; l'étude et l'art fondirent tout cela en un tout parfait. Jamais personne ne joua comme elle ces rôles de grande dame ennuyée et sceptique, jamais personne ne fut plus adorablement impertinente, jamais personne ne posséda à un plus haut degré cette délicieuse fatuité féminine qu'elle faisait accepter avec sa grande autorité.

C'est peut-être, cependant, dans le rôle de Célimène que son admirable talent parut dans son expression la plus brillante et la plus complète à la fois; dans ce rôle, en effet, le maniérisme, la mièvrerie, qu'on lui reproche parfois, notamment dans l'Elvire du *Tartufe*, devenaient des qualités.

« Mademoiselle Plessy, a dit Théophile Gautier, est l'actrice née de Marivaux et de la comédie romanesque ; elle en a la grâce maniérée et l'afféterie délicieuse. Le bon sens carré et le style robuste de Molière la gênent évidemment ; il lui faut des dentelles d'or à parfiler, des perles à faire rouler sur les tapis, des étoffes de soie à mettre en pièces de ses jolis ongles roses, comme à cette princesse chinoise qui se pâmait en déchirant les tissus les plus précieux. Et, si la dentelle d'or est du clinquant, si la perle est de verre, et le taffetas de la percale glacée, qu'importe? elle se joue au milieu de ces fanfreluches, de ces verroteries, de ces chiffons, avec des gestes si coquets, des airs de tête si charmants, des allures si languissamment fantasques, que l'on est ébloui et fasciné.... »

Mademoiselle Plessy quitta définitivement la Comédie-Française le 8 mai 1876, dans la force du talent et dans sa cinquante-septième année. Sa dernière création, celle de la marquise, dans *Petite Pluie* croyons-nous, était la cinquante-troisième de sa longue et laborieuse carrière, sans compter quatre-vingts reprises importantes.

Deux mois après *la Passion secrète*, le Théâtre-Français nous demandait encore deux décorations pour *la Jeunesse de Henry V*, pièce en trois actes d'Alexandre Duval, jouée avec un certain succès en 1806, et qui avait eu la bonne fortune de laisser après elle assez de retentissement pour qu'on fût tenté de la reprendre vingt-huit ans plus tard.

Cette comédie est la mise à la scène d'une aventure de jeunesse assez drolatique, arrivée à un héritier présomptif de la couronne d'Angleterre. Grand coureur de tripots et de mauvais lieux, ce jeune prince faisait le désespoir de la princesse sa femme. Dans l'intérêt de celle-ci, un seigneur de la cour entreprend de corriger le royal mauvais sujet de son amour pour les aventures, en lui infligeant une leçon dont il se souvienne. Pour cela, il imagine de l'attirer dans une taverne de matelots, sous prétexte de lui faire voir une jeune fille, belle comme les anges, qui habite cette taverne avec son oncle. Ils y arrivent tous deux, déguisés en matelots, boivent du punch, cassent les verres et font de la dépense; puis, le quart d'heure de Rabelais venu, le seigneur s'esquive prestement, laissant son royal compagnon se tirer tout seul de ce mauvais pas. Le prince est sans argent précisément, et pour payer sa note, il a l'idée d'offrir sa montre en gage, sans réfléchir que la richesse de ce bijou, orné de gros diamants, jure passablement avec la modestie de son accoutrement. En effet, le tavernier s'étonne, et, convaincu qu'il a affaire à un voleur, il l'enferme et s'en va chercher la police. Heureusement pour notre étourdi, la nièce du tavernier prend son embarras en pitié et l'aide à s'évader, en lui faisant promettre de changer de conduite. On voit d'ici la stupéfaction du tavernier quand il rapporte au palais royal le gage laissé entre ses mains et qu'il reconnaît son prétendu voleur dans l'héritier de la couronne. Grassement payé, il promet de se taire, et sa nièce, en récompense de sa compatissante intervention, reçoit une jolie dot qui lui permettra d'épouser celui qu'elle aime. Enfin, le jeune prince, guéri à jamais des aventures, se consacrera exclusivement désormais au bonheur de son peuple et à celui de la princesse sa femme.

Cette comédie, charmante de détails et fort adroitement conduite, en rappelait une autre beaucoup plus osée de Mercier, tellement osée même qu'elle n'avait pu être représentée; l'auteur s'était contenté de la faire imprimer et publier sous ce titre : *Charles II dans un certain lieu.* Duval avait remplacé le *certain lieu* de Mercier par une taverne, changé les personnages, supprimé les scènes les plus choquantes; mais, en somme, il n'avait guère touché au fond de la pièce.

Cette adaptation un peu sans gêne avait même amené entre les deux auteurs une scène assez comique. Mercier était alors brouillé avec les acteurs de la Comédie-Française qui, dans un beau mouvement d'indignation, avaient juré de ne jamais plus jouer une pièce de cet auteur.

Or, le soir de la première représentation de *la Jeunesse de Henry V*, Mercier, qui était à l'orchestre, reconnut sa pièce trait pour trait. Il ne dit rien et applaudit consciencieusement aux bons endroits. Le troisième acte terminé, il se rendit au foyer des acteurs, et , voyant Duval entouré de ses interprètes, qui le félicitaient chaudement :

— Dis-donc, Duval, lui dit-il en lui frappant sur l'épaule, comment trouves-tu ces imbéciles de comédiens des Français qui avaient juré de ne plus jouer rien de moi?

Puis, il s'en alla en secouant la tête et en répétant : « Les imbéciles! les imbéciles! »

Du reste, Alexandre Duval est convenu très volontiers, dans la notice qu'il a placée avant *la Jeunesse de Henry V* (tome VI, de ses œuvres complètes), des emprunts qu'il a faits à Mercier. Il est vrai que l'aveu a suivi de fort loin les représentations, et je ne sache point que les recettes de celles-ci aient été partagées entre les deux pères. Dans cette même notice, Duval répond à quelques critiques assez piquantes qui lui avaient été adressées; c'est ainsi qu'entre autres anachronismes on lui avait reproché d'avoir mis entre les mains de son héros une montre ornée de diamants, alors que les montres étaient encore parfaitement inconnues, et de lui avoir fait boire du punch, quand l'Amérique ne devait être découverte que quatre-vingts ans plus tard. Duval assura, pour sa défense, que sa pièce devait porter à l'origine le titre de *la Jeunesse de Charles II*, au lieu de celui de la *Jeunesse de Henry V*, mais que les censeurs avaient exigé ce changement de titre par la raison, assez singulière, que Charles II avait succédé à Cromwell, et que le nom de ce monarque pourrait faire penser « au Cromwell qui gouvernait alors la France ».

Quoi qu'il en soit, la pièce, jouée avec un ensemble parfait par Fleury, Damas, Armand, Michot, mademoiselle Mars[1] et Rose Dupuis, avait eu beaucoup de succès et n'avait guère quitté le répertoire pendant seize ans.

Fleury, surtout, s'était montré charmant comédien dans le rôle du prince. Fleury était un de ces artistes hors ligne qui ont laissé à la Comédie des traditions dont l'ensemble a tant contribué à fonder sa prospérité. C'était surtout par l'élégance, par la finesse et par le naturel que Fleury se distinguait. Il avait dans les yeux une étonnante puissance d'expression qu'il sut conserver jusqu'à un âge très avancé. Il avait été très longtemps cependant avant de s'imposer au parterre, et ce ne fut que lorsque Molé, vieillissant, dut renoncer à ses rôles, que Fleury fut accepté comme son successeur. Fort

1. On peut voir au Théâtre-Français, dans la salle du comité, une miniature de Boilly, représentant mademoiselle Mars dans son rôle de *la Jeunesse de Henry V*.

modeste de sa nature, il ne se piqua jamais de l'avoir fait oublier : on raconte même qu'un jour qu'il venait de jouer *le Misanthrope* (et pourtant le rôle d'Alceste était l'un de ses plus légitimes triomphes), il répondit à quelqu'un qui était accouru à sa loge pour le complimenter :

— Ah! mon ami, si vous y aviez vu Molé!

Et l'autre insistant et soutenant qu'il n'avait pu être possible à cet ancien artiste de mieux jouer la scène du quatrième acte, entre Alceste et Célimène...

— Tenez, répliqua Fleury, voilà comment il la disait...

Et l'éminent comédien rendit la scène avec un sentiment si parfait, un accent si passionné, que tous ceux qui étaient là se mirent à applaudir.

Mais Fleury, tombant tout à coup sur le canapé :

— Vous voyez, dit-il, que, si je prenais le rôle comme le faisait Molé, je n'irais pas jusqu'au bout. Je ne puis donc m'en tirer qu'en l'appropriant à mes moyens d'exécution.

N'est-ce pas un véritable artiste que l'homme

qui parle ainsi de son art et qui voit toujours au delà et au-dessus de son personnage, quelque applaudi et quelque admirable qu'il y soit?

Quand on reprit *la Jeunesse de Henry V*, en 1834, la distribution fut beaucoup moins brillante qu'à la création ; le rôle de Fleury fut tenu par Leroux, et les autres par Maillart, Monrose, Métrême, Méquillet; mesdemoiselles Fix et Favart. Elle n'en fournit pas moins un nombre de représentations fort honorable.

Mais, avant de quitter Alexandre Duval, je veux dire quelques mots de cette personnalité littéraire, un peu oubliée aujourd'hui, mais qui n'était point sans valeur et qui ne fut point sans influence sur son temps.

Avant d'écrire pour le théâtre, Alexandre Duval avait fait un peu tous les métiers. Employé de bureau d'abord, puis marin, puis militaire, puis ingénieur, il était devenu finalement acteur, et d'acteur, auteur dramatique. Le nombre de pièces en tout genre, en prose ou en vers, qu'il écrivit seul ou en collaboration avec Picard ou avec d'autres auteurs, est considérable : j'en ai compté jusqu'à quarante-neuf, dont une tragédie, huit drames ou mélodrames, vingt-trois comédies, un grand opéra et seize opéras comiques. Bien que le répertoire d'Alexandre Duval ait vieilli, presque toutes ses pièces furent des succès ; c'est à peine s'il compta quatre ou cinq chutes sur les quarante-neuf pièces que je rappelais tout à l'heure. Citons, parmi ses comédies, *Édouard en Écosse*, *le Menuisier de Livonie*, *le Tyran domestique*, *les Marionnettes*, *les Ricochets*, *le Chevalier d'industrie*, *la Manie des grandeurs*, où il peignait les mœurs du temps avec autant de fidélité que d'esprit, *le Retour des Croisés*, parodie des mélodrames alors en vogue, et enfin *la Fille d'honneur*, qui passe pour son chef-d'œuvre. Ses opéras comiques les plus charmants sont *le Prisonnier*, musique de Della Maria, et *Maison à vendre*, musique de Dalayrac. Quant à son opéra, *Joseph*, c'est plutôt un drame lyrique qu'un opéra : la musique, bien supérieure au poème, est de Méhul.

Comme Picard, son collaborateur et son ami, Alexandre Duval devint directeur de l'Odéon (en 1807), et réussit à relever la fortune de ce théâtre, grâce surtout à son propre répertoire. Il fut nommé, quelques années plus tard, bibliothécaire à l'Arsenal, et entra à l'Académie française en 1812, en remplacement de Legouvé. Il mourut en janvier 1842, âgé de soixante-quinze ans. Le Théâtre-Français, reconnaissant des succès qu'il dut à Alexandre Duval, a placé son buste, par Barré, dans le grand escalier, et son portrait, par Boilly, dans la salle du comité.

Alexandre Duval était frère d'Amaury Duval, littérateur de mérite et agronome distingué, membre de l'Académie des inscriptions et belles-lettres, dont j'ai connu intimement le fils, Amaury Duval, le peintre qu'on sait, et la fille, madame Guyot-Desfontaines, une femme d'infiniment d'esprit, qui eut un salon célèbre sous Louis-Philippe et pendant les premières années de l'Empire.

On a souvent comparé Alexandre Duval à Picard ; chez tous deux, c'était le même fonds de gaieté, la même *vis comica*, la même facilité, la même fécondité. Peut-être Picard imprimait-il avec plus de force, à ses ouvrages dramatiques, le cachet d'observation des mœurs locales ; peut-être les caractères qu'il traçait ressemblaient-ils davantage à des portraits ; peut-être enfin, dans la comédie en vers, son style avait-il plus de fermeté et de grâce poétique. Mais, là où Alexandre Duval reprenait incontestablement l'avantage, c'était par l'ensemble des diverses parties de l'art, c'est-à-dire par l'invention, par l'entente de la scène, la vérité du dialogue, l'intérêt ou le comique des situations, et surtout par la variété des effets.

Le grand mobile des pièces de Duval, c'était l'intérêt ; mais, loin de tomber dans le larmoyant, cet écueil du genre, il sut toujours conserver des notes d'une bonne et franche gaieté. On a pu dire de lui qu'il fut l'intermédiaire entre les grands maîtres de l'art et les chefs de la nouvelle école dramatique. S'il n'eut point l'unité de plan des premiers, leur logique rigoureuse, l'élégance et la correction de leur style, leur genre cosmopolite ou pour mieux dire universel, il eut en revanche une grande entente de la scène, un dialogue vrai et naturel, plein de charme; son théâtre est une école de tous les bons sentiments de l'homme privé et du citoyen, et plus d'une fois il obtint le triomphe du poète dramatique, qui, selon la singulière et pittoresque expression du poète anglais Cooper, consiste à voir « un amphithéâtre de visages humides » garnir les gradins de la salle de spectacle.

Bien que Duval se fût déjà lui-même écarté très sensiblement des grands maîtres du dix-huitième siècle, il s'affligea beaucoup des tentatives faites par l'école romantique pour modifier la forme de l'art dramatique en France sous la Restauration et après 1830. Il manifesta particulièrement son aversion pour le romantisme, dans une brochure qu'il publia en 1833, sous ce titre : *De la littérature romantique, lettre à M. Victor Hugo,* où il accusait celui-ci d'avoir perdu l'art dramatique et ruiné le théâtre français par des doctrines perverses et par des moyens condamnables. Toutefois, sa polémique, où l'esprit n'était point ménagé, dépassa rarement les bornes d'une contradiction décente ; s'il récusait et condamnait les doctrines, il ménageait les personnes.

« De nos jours, gémissait le docte académicien de 1812, tout vise à l'originalité, au bizarre ; la vraisemblance et la raison sont bannies ; à force de chercher la vérité, on arrive au trivial, pour tomber bientôt dans l'absurde. Les jeunes gens, égarés par les prédicateurs des nouvelles doctrines, ne sachant plus quelle est la meilleure route, de celle qu'ont suivie nos pères ou de celle qu'on leur indique, se bornent, en attendant la solution du problème, à faire des tiers de vaudeville ou à mettre des petits articles dans les journaux littéraires. Enfin, à cette misérable anarchie dramatique se joignent d'imprudents plagiats [1], des billets donnés à la claque et des éloges payés dans les journaux. »

En face de cette sorte de 93 littéraire, Alexandre Duval, prenant en main sa lyre et ses pinceaux, nous fait les tableaux les plus flatteurs et les plus riantes descriptions de l'âge d'or d'avant la Révolution, où « des petits vers, quelques couplets, quelques brochures légères, deux tragédies, quelques comédies en un, deux ou trois actes, conduisaient doucement un jeune auteur à l'Académie, où la considération et les pensions l'attendaient ».

Chose curieuse, ce qui scandalisait et ce qui révoltait le plus Alexandre Duval, c'était peut-être la vogue de Scribe, qui attirait la foule au Gymnase, aux dépens du Théâtre-Français.

On raconte que, lorsque Scribe se présenta à

---

1. Ici, le bon Duval nous semble avoir complètement oublié sa petite aventure avec Mercier, que nous avons racontée plus haut.

l'Académie, en 1834, Duval fit une opposition très vive à sa candidature. Il était alors assez malade, et peut-être la souffrance contribuait-elle à aigrir son caractère. Pressé par deux de ses collègues qui tenaient pour l'auteur de *Michel et Christine* :

— Si vous le nommez, leur répondit-il, vous me ferez mourir.

Il est vrai que, l'accès passé, il fut le troisième, sinon le premier, à rire de cette boutade.

Sainte-Beuve prit chaudement en main, comme on sait, la défense des audaces des novateurs, ses amis, et, s'attaquant à plusieurs reprises au pauvre Alexandre Duval, il le larda de ces traits acérés qu'il savait lancer si habilement, avec sa bonhomie malicieuse. Il défendit même Scribe contre lui et justifia la vogue qui s'attachait à son répertoire.

« Cette vogue, dit-il, est à nos yeux une preuve nouvelle de ce bon sens et de ce bon goût sur lesquels nous comptons. On a osé comprendre que, dans le genre secondaire de la comédie-vaudeville, il y avait, de nos jours, plus de vérité piquante et de nouveauté qu'en de froides et ennuyeuses comédies *de caractère*, ou qu'en des compositions trivialement sentimentales et romanesques; on a osé le dire d'abord à l'oreille, puis tout haut, et en conséquence, on n'a pas cru déroger en laissant la rue Richelieu pour le boulevard. Ce n'est pas, au reste, que M. Scribe, malgré son esprit et son talent, fasse une complète illusion, et qu'il semble un Shakespeare moderne; on sait à quoi s'en tenir sur cette verve fine et pétillante; mais, en espérant mieux, l'on en profite et l'on s'amuse. C'est la petite pièce avant la grande. »

Quant aux gémissements d'Alexandre Duval sur la décadence du tragique classique, Sainte-Beuve répond d'abord en constatant volontiers avec lui « la pleine décadence du Théâtre-Français, le décri absolu où est tombé surtout l'ancien genre classique, l'ennui profond que causent à la scène non pas seulement tant de plates amplifications de notre temps non pas même des tragédies de Voltaire, décorées du nom de chefs-d'œuvre, mais jusqu'aux pièces si belles et si accomplies de Racine ».

Puis il ajoute : « Certains classiques spirituels se sont décidés, en voltigeurs habiles, à se renfermer dans ce fait pour y batailler : ils s'appuient de la décadence actuelle pour nier toute rénovation possible, et, n'osant plus compter sur la victoire, ils veulent qu'il n'y ait plus de vainqueurs. Selon eux, une société, vieillie comme la nôtre et tout adonnée aux discussions politiques, peut et doit se passer d'un grand et sérieux théâtre ; les bluettes du Gymnase suffisent chaque soir à amuser la migraine de nos hommes d'État ; et, quant au peuple, moins friand et plus avide en fait d'émotions, n'a-t-il pas *les Deux Forçats* ou *le Joueur?* Ces raisons, spirituellement superficielles, pourraient trouver grâce auprès de quelques jeunes esprits dominés par leurs penchants philosophiques ou politiques, et trop disposés à faire bon marché de leurs opinions littéraires. On prétend que, si la révolution du théâtre dans le sens des idées dites romantiques est impraticable en France, il faut s'en prendre à l'une ou à plusieurs de ces quatre causes : 1° notre constitution sociale ; 2° le goût du public ; 3° le manque d'auteurs ; 4° le régime des théâtres. Rien de moins exact. Soit dans le goût du public, soit dans les talents des artistes, rien ne répugne à la rénovation du théâtre, et tout, au contraire, y conspire. Elle s'accomplira donc, dût le régime administratif, par son monopole et ses censures, y résister quelque temps encore. »

On sait aujourd'hui si le perspicace critique voyait juste, et à quel point ses prévisions, présentées avec autant de mesure que de bon sens, devaient se réaliser.

Mais Alexandre Duval nous a entraîné un peu loin. Revenons à nos moutons. Dans ce même mois de mai, où le Théâtre-Français avait repris *la Jeunesse de Henri V*, il donna la première représentation d'une comédie en trois actes de Frédéric Soulié et Badon : *une Aventure sous Charles IX*.

Comme tout ce qui est sorti de la plume de Soulié, auteur inégal, mais vigoureux et original, cette comédie est intéressante, pleine de vie et de mouvement. Elle est écrite, en outre, d'un style alerte et spirituel, qui en rend la lecture fort agréable, même aujourd'hui. Ce qu'on peut lui reprocher, c'est de tenir à la fois du drame et de la comédie, et de n'être franchement ni l'un ni l'autre.

La scène se passe dans un vieux château, voisin du camp sous La Rochelle. La citadelle huguenote, assiégée par le duc de Nevers, se défend vaillamment. Un de ses principaux défenseurs, le duc Hector de Rohan, qui se cache sous le nom du Gars, est tombé, à la suite d'une sortie, entre les mains du duc de Nevers. Celui-ci a reconnu son prisonnier ; mais madame de Rohan, la mère, lui a sauvé la vie jadis en Angleterre, et, par reconnaissance, il veut sauver à son tour le fils de celle à qui il doit tant ; mais voilà que le duc de Rohan se rencontre face à face en sortant de chez le duc de Nevers, avec madame de Nangis, une jeune veuve que celui-ci est sur le point d'épouser. Or madame de Nangis et lui se sont aimés jadis et se sont juré de s'appartenir ; ils s'aiment toujours, et, si madame de Nangis consent à devenir duchesse de Nevers, c'est parce qu'elle croyait le duc de Rohan mort depuis un an, comme lui-même il en avait fait courir le bruit. Leur amour se réveille plus violent que jamais quand ils se revoient ; madame de Nangis ne veut plus entendre parler du duc de Nevers, et le duc de Rohan brave audacieusement son rival, et, bien qu'il se sache en son pouvoir, il prétend lui enlever sa maitresse. Heureusement pour lui, le duc de Nevers est loyal et chevaleresque autant que brave; après diverses scènes fort dramatiques, où l'on voit son amour lutter avec sa générosité naturelle, il finit par renoncer à madame de Nangis et sauve le duc de Rohan, en le faisant attacher à la personne du duc d'Anjou, qui va régner sur les Polonais.

C'était mademoiselle Anaïs qui jouait madame de Nangis. Mademoiselle Mars jouait, à côté d'elle, madame de Sauves, un rôle charmant de dame de la cour, frivole et légère, mais spirituelle, élégante et bonne au fond, sous ses dehors futiles. Menjaud faisait le duc de Rohan et Ligier le duc de Nevers, bien que son extérieur peu avantageux, sa taille exiguë et sa voix, qui se prêtait mal à la délicatesse nécessaire des nuances, le rendissent peu propre à jouer la comédie; mais ce véritable artiste sauvait tout, à force de conscience.

La décoration que nous exécutâmes pour cette pièce représentait une salle gothique dans un vieux château, et ne manquait point de style, ni de tournure.

Celles que l'on nous demanda deux mois après pour *Heureuse comme une princesse*, étaient plus intéressantes encore : la première était la reproduction exacte d'un salon du château de Fontainebleau ; la seconde représentait une grande salle de la ferme appelée la Maison-Blanche, dans la forêt de Fontainebleau.

Heureuse comme une princesse, ainsi que le titre le laisse aisément deviner, veut démontrer comme quoi le bonheur de la vie et la tranquillité du cœur ne sauraient se rencontrer dans le séjour agité des cours. On y voit la jeune et malheureuse Adélaïde de Savoie, duchesse de Bourgogne, se morfondre d'ennui et de langueur entre *la Vieille,* comme elle appelle madame de Maintenon, et le roi, plus vieux encore, dont l'unique distraction est maintenant de suivre tristement sur les cartes les défaites de ses armées, ou de parler des heures entières des petits pois verts, du plaisir qu'il a eu en en mangeant, et de l'impatience qu'il a d'en manger encore.

Si encore la pauvre Adélaïde de Savoie pouvait voir librement certain beau colonel à qui elle porte un intérêt des plus vifs ; mais point ! l'étiquette s'y oppose, et les innombrables officiers de sa maison mettent entre elle et le beau colonel une barrière respectueuse mais insurmontable. Aussi faut-il voir comme elle dit son fait à la jeune Nanette, la filleule de Fagon, premier médecin du roi, qui brûle, l'innocente, du désir de vivre à la cour.

« Il est un homme de ton âge, qui t'aime pour toi, sans que ni rang ni fortune aient ébloui ses yeux et décidé son choix; tu peux vivre doucement avec lui, sous le ciel qui vous protège, près des arbres qui charment vos regards, près des oiseaux qui chantent leurs amours; tu peux chanter comme eux, rire quand tu es joyeuse, pleurer, parler, te taire suivant qu'il te plaît, sans espions qui te surveillent, sans importuns qui t'assiègent, seule avec un ami à qui tu peux tout dire... et tu veux venir à la cour?... Mais tu es folle, Nanette!... Tu es folle!... »

Heureusement, un certain chevalier de Bagneux arrive tout exprès de son château de Bagnères-de-Bigorre pour ramener un peu de joie dans l'existence décolorée de l'infortunée duchesse; par une suite de manœuvres fort adroitement menées, il réussit à la débarrasser, en quelques jours, des fâcheux qui l'obsèdent, et, par-dessus le marché, du beau colonel, dont l'amour, un peu trop platonique, manquait d'aisance et de décision ; il s'offre lui-même, discrétement, pour le remplacer, et l'on prévoit qu'il y aura encore quelques beaux jours pour la belle et languissante Adélaïde. Quant à la jeune Nanette, désabusée par l'éloquence (?) de sa maitresse, elle renonce à l'idée de vivre à la cour et au rêve d'être heureuse — comme une princesse.

Cette pièce était le début au théâtre d'un jeune auteur de talent, Anatole Laborie, qui avait eu la funeste idée de s'associer, pour l'exécution, avec Ancelot, grand brasseur de pièces et piètre écrivain. On a pu juger, par l'échantillon que nous avons cité plus haut, du style prudhommesque de ce docte académicien [1].

---

[1]. Ancelot jouit en son temps d'une réputation de poète tragique bien au-dessus de ses mérites. Cette réputation, du reste, il la dut beaucoup plus aux entrainements de l'esprit de parti qu'aux jugements de la critique littéraire. Il avait de la finesse et de la grâce dans l'esprit ; son vers, ou plutôt sa versification, était correcte et parfois heureuse ; il savait agencer un plan avec habileté : mais la force, la passion, le mouvement dramatique lui faisaient absolument défaut. Après avoir donné, seul ou en collaboration, un grand nombre de pièces de tout genre. il prit la direction du Vaudeville, et se ruina dans cette entreprise. Ce fut alors que Lachaud, le futur défenseur de Tropmann, épousa sa fille. Le jeune avocat vint au secours de son beau-père, dont il satisfit tous les créanciers. Ancelot est mort en 1854.

Malgré cela, cette comédie eut un certain succès et se maintint assez longtemps au répertoire; il est vrai qu'elle était jouée par mademoiselle Mars, qui tint le rôle de la duchesse avec une noblesse, un esprit, un goût et un sentiment dramatique extrêmement remarquables; par mademoiselle Anaïs, par mademoiselle Verteuil, et par Firmin, qui jouait le chevalier de Bagneux. Enfin, le rôle sacrifié du beau colonel était tenu par Menjaud, et celui, plus ingrat encore, du médecin Fagon, par Samson, qui débutait alors à la Comédie-Française.

IX

Ma première décoration à l'Opéra. — Le docteur Véron
directeur de l'Opéra. — Véron prédécesseur de Girardin, de Villemessant et de Buloz. — De l'influence de
Véron sur les destinées de l'Opéra. — Le ballet *la Tempête*. — Inconvénients d'un nom difficile à prononcer.
— Schneitzhœfer, lisez : Bertrand ! — Débuts de Fanny
Elssler. — Pauline Duvernay. — Les abonnés de l'Opéra
sous la direction Véron : *la loge infernale*.

La première œuvre jouée à l'Opéra à laquelle j'attachai mon nom comme décorateur, fut *la Tempête ou l'Ile des Génies*, ballet-féerie en deux actes, dont la première représentation eut lieu le 15 septembre 1834.

C'était alors le célèbre docteur Véron qui était directeur de l'Opéra. Une curieuse figure que

cette manière de financier artistique et littéraire,
comme l'appelait Sainte-Beuve. Certes, il ne
manquait ni d'habileté, ni même d'esprit, mais
surtout et avant tout il sut admirablement se
servir d'un tremplin peu connu encore à Paris :
la réclame. Si ce n'est pas lui qui l'a inventée,
c'est lui, du moins, qui le premier, peut-être, a
su en deviner la toute-puissance. Et, du premier
coup, d'instinct, il la porta à un point qui a pu
être atteint, mais qui certainement n'a pas été
dépassé, malgré les merveilles du genre qu'il
nous a été donné de voir, ces dernières années
notamment. Véron s'est fait une réclame de
tout : réclame de sa voiture, de ses chevaux, de
ses dîners au café de *Paris*; réclame de ses cols de
chemise et de sa fameuse cravate de trente centimètres, de laquelle sortait, comme une pivoine
épanouie, sa figure rougeaude et *bon enfant*;
réclame de ses propres faiblesses, réclame de Sophie, cordon bleu admirable, Caleb en casaquin
et bonnet tuyauté qui, toute sa vie, n'a eu
qu'une idée, une pensée, un but : faire passer
pour de la prodigalité les vertus économiques de
son Ravenswood.

Un de ses successeurs à l'Opéra, Alphonse

Royer, raconte qu'à l'époque où il n'était encore que directeur de la *Revue de Paris*, le célèbre docteur occupait, rue Caumartin, un appartement modeste, composé de trois pièces, où il ne recevait jamais personne et où on ne le trouvait jamais. Il habitait sa voiture, un très élégant coupé attelé de deux chevaux anglais, pomponnés de rubans écarlates sur les oreilles (il avait acheté le tout, d'occasion, à mademoiselle Mars). Une fois directeur de l'Opéra, il se meubla un intérieur de riche financier, où il eut une bonne table, bonne cave et bonne compagnie. Tout ce luxe lui servait de réclame; il avait calculé que son nouvel état de maison lui rapportait plus qu'il ne lui coûtait.

Peu d'hommes ont été aussi décriés, critiqués, ridiculisés que le docteur Véron; il est vrai que la chose ne lui déplaisait pas outre mesure, car il était de ceux qui préfèrent qu'on parle en mal d'eux plutôt que de n'en point parler.

Un des éreintements les plus cruels et les plus complets qui aient été faits de lui est celui qu'osa Philarète Chasles, un homme de beaucoup d'esprit, un critique d'un talent bien fin et bien ingénieux, mais qui voyait généralement les choses en noir et les hommes en laid.

« Ce personnage, a-t-il dit, triste héros de ce temps, était haut en couleur, figure mafflue, à peine un nez, écrouelleux, le col enfoncé dans les replis d'une étoffe qui protégeait sa maladie et la cachait, le ventre arrondi et pointu de bonne heure, l'œil rond, brillant, scintillant et avide, la bouche riante, la lèvre grosse, le cheveu rare, le sourcil absent, une tenue de petit laquais singeant son maître et se donnant des afféteries et des minauderies de salon ; quelque chose aussi de l'abbé jeune qui se fera gras par trop manger; la parole haute, élevée, pointue, hardie, sifflante, prédominante; souple ici, impertinent là-bas; se dandinant pour avoir l'air léger; avenant, prévenant, souriant, bas et plat quand il le fallait; la tête renversée, les joues gonflées, la face arrogante dès qu'il n'y avait rien à gagner ou à craindre; Scapin, Frontin et Turcaret, en y joignant le glouton, le spéculateur et le faux marquis; Mercadet et Tuffières, et même un peu de Bourgeois Gentilhomme : voilà Véron. Il n'était pas méchant, pervers, ni sans intelligence. Il était sans principes. Il était sensuel, égoïste, doué d'un flair que je n'ai vu qu'à lui. Il sentait l'à-propos, il en avait. Il sa-

vait toujours ce qui occupait les hommes et les
intéressait. Par ce côté, Véron n'est point méprisable. Personne, dans notre époque, et après
M. de Talleyrand ou Beaumarchais, vers 1750,
n'a eu comme Véron le nez au vent pour découvrir le profit, et la rapide course du levrier
pour l'atteindre. Il devina que la littérature allait
devenir industrielle. Il eut le vague instinct de
la bêtise démocratique, ne sachant que faire,
ayant besoin d'annonces, comme un aveugle de
bâton. Véron précéda dans cette voie Émile de
Girardin, autre aventurier supérieur et généreux, trempé de philosophie, de politique et
d'affaires. Mais, avant Girardin, Véron avait le
premier compris que la société se défaisait, se
décousait, s'en allait en charpie, et que bientôt
une nouvelle révolution succéderait à 1789...
La littérature se tournait en boutique, le divin
en matière brute, l'art de Voltaire en gros écus.
Comme on raffolait de style, et que la fièvre littéraire était partout, les exploiteurs accoururent.
Le premier alors, Véron le docteur, est devenu
le courtier de commerce de cette maladie, le
maquignon des plaisirs bruts se mêlant à ceux
de l'esprit, le Mercure d'un matérialisme intel-

lectuel. Ni écrivain, ni homme de génie, ni de talent, ni de salon, ni même d'observation quant aux hommes, dont il ne faisait aucun cas; sale dans ses mœurs, jouant le vicomte, puis le bourgeois; usant de finesses qui frisaient l'escroquerie, mais n'y tombant pas, ce gros Véron, retors comme un avoué ou comme trois avoués, d'ailleurs aimant les filles, les tableaux, les gens de lettres, a joué un rôle de fermier général. Il comprenait l'importance des gens de lettres, il les courtisait. Lui-même, il l'était devenu un peu; il allait le soir chez Michaud, fréquentait les bureaux de *la Quotidienne*, journal royaliste, et prêchait la morale du haut de la chaire des *Bonnes lettres*, comme le singulier Malitourne, son ami, qui, lui, exploitait la politique. Les roués professeurs de morale, quel jeu! quelle plaisanterie! on croyait avoir besoin de cette comédie. Personne ne croyait plus au roi, ni à la royauté, mais on jouait à la monarchie... On enrégimenta des gens d'esprit pour combattre les opposants libéraux. Le mot *Bonnes lettres* servit d'écriteau; contre les *Mauvaises lettres* marchèrent ces soldats du catholicisme fardé, de la moralité vénale et de la contrebande. Véron, le gros roué, fut un des lieutenants de la cohorte. Prédicateur moraliste et royaliste, il profita de la situation. Le premier, il rendit le métier des lettres tributaire de la boutique ; le premier, il usa de la pensée comme d'un agio. Écrivain et politique, il se méprisa comme écrivain et se railla comme politique. C'est le précurseur de Villemessant, de Buloz et autres. Buloz a été bien plus loin, Buloz a été l'Héliogabale de ce Trimalcion. Tous deux devaient faire fortune et l'ont faite. Villemessant aussi... »

Voilà ce qui peut s'appeler une exécution faite de main de maître. Les traits sont peut-être un peu poussés au noir, mais ils portent juste presque tous. Ce qui est incontestable, c'est que le docteur Véron sut admirablement comprendre et satisfaire les goûts de son siècle, bons ou mauvais ; qu'il devina l'un des premiers toute la puissance de la presse périodique ; qu'il posséda comme pas un l'art de tirer parti des hommes et des choses, et que ce fut là, en grande partie, le secret de sa prospérité.

Le docteur Véron avait commencé par exercer la médecine en 1823, après avoir été attaché à la Charité, à Saint-Louis et aux Enfants-Assistés, en qualité d'interne. Il avait même été nommé, l'année suivante, médecin des Musées royaux, et, bientôt après, il avait publié une brochure intitulée : *Observations sur les maladies des enfants : altérations organiques, muguet.* Un détail peu connu, en dehors du monde médical tout au moins, c'est qu'il aurait renoncé à sa profession à la suite d'une cruelle mésaventure (cruelle pour le client surtout). Appelé, dit-on, à pratiquer une saignée, il se serait trompé et aurait piqué l'artère au lieu de la veine ; ce qui, naturellement, avait amené la mort du patient. Nous le voyons ensuite s'associer au pharmacien Frère pour l'exploitation de la pâte pectorale de Regnault[1], puis entrer dans le journalisme, à *la Quotidienne* d'abord, ensuite au *Messager de Paris*, jusqu'au jour où il veut avoir son journal à lui et fonde la *Revue de Paris*.

1. Contrairement à l'opinion généralement reçue, c'est uniquement, ou du moins c'est surtout dans le but de venir en aide à la famille du pharmacien Regnault, mort sans fortune, que le docteur Véron eut l'idée de faire une spéculation de ce produit pharmaceutique. La spéculation ne fut pas mauvaise, du reste, car l'entreprise, dans laquelle il avait mis une quarantaine de mille francs, prospéra et enrichit tous les associés, grâce à la notoriété donnée à ce produit par la presse parisienne.

Voici maintenant dans quelles circonstances il obtint le privilège de l'Opéra.

Lorsque, en 1830, le roi Louis-Philippe monta sur le trône, un de ses premiers soins fut de débarrasser la liste civile de ce coûteux fardeau de l'Opéra, et de le mettre à la charge d'une entreprise. En effet, nous voyons, en 1828, sous l'administration morale du vicomte Sosthènes de la Rochefoucauld, l'ennemi des jupes courtes des danseuses, l'Opéra coûter à la liste civile la somme énorme de 966,000 francs, malgré la subvention de l'État et les 300,000 francs perçus à titre de redevance sur les théâtres secondaires et sur les spectacles de curiosité.

Le docteur Véron offrit de prendre à ses risques et périls la direction et les charges de l'Opéra pendant six ans, sans autre condition qu'une subvention, assez grasse, il est vrai ; 800,000 francs pour la première année de son privilège ; 760,000 francs pour la deuxième et la troisième année ; 710,000 francs pour les trois dernières.

Il prit possession le 2 mars 1831 ; il avait alors trente-deux ans. Quatre ans plus tard, en 1835, quand il se retira, cédant à Duponchel les deux dernières années de son privilège, il n'avait pas gagné moins de 900,000 francs [1].

Certes, et même en admettant une chance toute particulière, il fallait une singulière habileté pour trouver moyen de gagner un aussi joli denier là où tout autre se serait ruiné, comme l'événement l'avait démontré avant lui, et comme ses successeurs se chargèrent de le prouver plus clairement encore.

Il est vrai qu'on a précisément reproché à Véron d'avoir rendu difficile la tâche de ceux qui sont venus après lui, par sa façon de mener l'Opéra à grandes guides. Lui-même, il en est convenu quelque part : « En élevant beaucoup le chiffre des recettes de l'Opéra, j'ai peut-être porté préjudice à cet établissement et à mes successeurs, tous gens d'esprit, très intelligents et très capables. »

Son habileté, qui était incontestable, a cependant été contestée. Son flair directorial a été nié de la façon la plus absolue. Que de fois n'a-t-on

[1]. On sait que, dans la suite, le docteur Véron devint copropriétaire et directeur du *Constitutionnel*, et qu'il fit partie, sous l'Empire, du Corps législatif, où il siégea toujours dans la majorité. Il mourut, en 1867, à l'âge de soixante-neuf ans. Quant aux *Mémoires d'un bourgeois de Paris*, qui parurent, sous son nom, en 1857, ils passent généralement pour avoir été écrits par Malitourne.

pas raconté, par exemple, que, dès la première audition de *Robert le Diable*, il avait déclaré publiquement, en pleine répétition, que la partition lui semblait détestable et qu'il ne la jouerait que contraint et forcé, ou moyennant une indemnité suffisante ! Si la chose est authentique, il est fort possible, en tout cas, que ce refus de jouer l'opéra de Meyerbeer n'ait pas été autre chose qu'une spéculation fort habile : car il paraît parfaitement démontré que le docteur Véron reçut du gouvernement 60 ou même 80,000 francs d'indemnité, pour représenter un ouvrage qui lui rapporta bien, à tout le moins, quinze ou vingt bonnes mille livres de rentes.

Ce qui est néanmoins hors de doute, c'est que, lorsque le docteur Véron quitta l'Opéra, il le laissait en meilleur point qu'il ne l'avait pris.

Ses prédécesseurs avaient presque tous dirigé l'Opéra sans sortir de leur cabinet directorial, en laissant volontiers à leurs lieutenants le soin de décider des questions qui leur semblaient secondaires. Véron, lui, voulut s'occuper de tout par lui-même, descendant jusqu'aux plus minces détails, ne se reposant sur personne, et animant tout le personnel de son activité, un peu fiévreuse, un peu factice parfois, mais féconde en somme, indispensable même pour le bon fonctionnement d'un mécanisme aussi compliqué que l'administration de l'Opéra.

La peinture, la plantation et l'éclairage des décorations firent d'immenses progrès.

Les décors de *Robert le Diable*, de *Gustave*, de *la Juive*, de *la Tentation*, de *la Révolte au Sérail*, de *la Tempête*, furent de véritables révélations pour le public, habitué à des magnificences infiniment plus modestes et infiniment moins artistiques.

Ceci nous ramène à notre ballet, dont la personnalité, complexe mais curieuse, après tout, du docteur Véron, nous a quelque peu éloigné.

Bien que le nom de Coralli figure seul sur le livret, Adolphe Nourrit le régla de concert avec lui. Quant à la musique, elle était de Schneitzhœfer.

Ce Schneitzhœfer, qu'on appelait Chœnecerf à l'Opéra, était un artiste de valeur, qui avait été successivement timbalier et chef de chant. Il avait fait de bonnes études musicales et jouait de presque tous les instruments ; il était surtout pianiste très habile et brillait par une grande facilité d'imagination. Mais toutes ces heureuses qualités ne lui furent guère profitables. Fort ami du plaisir, il ne sut pas donner une direction assez sérieuse à ses facultés, et ses ouvrages se succédèrent à de si longs intervalles, qu'il ne sut pas se faire connaître du public pour ce qu'il valait. Les artistes seuls savaient la portée de son talent. En outre, il avait l'esprit bizarre et original, et les mystifications bouffonnes qu'il imagina firent longtemps les délices des coulisses et de l'orchestre de l'Opéra.

Voici, par exemple, un tour plein d'une haute fantaisie, qu'il joua un soir à son chef d'orchestre Habeneck. Il voulait absolument quitter sa place de timbalier, qui lui était devenue insupportable ; mais Habeneck tenait à le conserver, parce qu'il avait beaucoup de précision et de mesure et qu'il connaissait admirablement la pratique de son instrument. Notre homme résolut alors de se faire renvoyer. Un soir, au milieu de la représentation d'un ballet, au moment le plus paisible d'un gracieux pas de deux, il se mit soudain à exécuter un formidable roulement de timbales, qu'il soutint avec fougue pendant deux ou trois minutes, à la grande stupéfaction d'Habeneck, des danseuses et du public; après quoi, il jeta à plusieurs reprises ses baguettes en l'air, les reçut comme un jongleur et quitta l'orchestre.

Comme on pense, à la suite de ce scandale, il dut quitter son pupitre. Il rentra toutefois un peu plus tard à l'Opéra, mais cette fois en qualité d'accompagnateur et de second chef de chant.

Il fut ensuite nommé professeur à l'école de chœurs, au Conservatoire (1833), et il y demeura jusqu'à ce que des infirmités, devenues de jour en jour plus pénibles, l'eussent mis dans l'obligation de renoncer à l'enseignement. Il mourut en septembre 1852, à l'âge de soixante-sept ans.

Comme compositeur, il avait débuté par le ballet de *Proserpine* (1818)[1], et avait donné ensuite *Mars et Vénus ou les Filets de Vulcain* (1826), qui avait eu un grand succès; *la Sylphide*, un des modèles de la féerie dansée, et enfin *la Tempête*.

De l'avis même d'Halévy, si on ne l'avait

---

[1]. L'ouverture de ce ballet a été exécutée plusieurs fois aux concerts du Conservatoire.

point confiné injustement dans le ballet, il aurait pu se faire une grande situation artistique avec les belles qualités qu'il avait reçues de la nature. L'auteur de *la Juive* ajoute, il est vrai, que « pour prendre parmi les maîtres la place dont son talent le rendait digne, il lui aurait fallu un caractère moins insoucieux, plus de suite dans les idées, moins d'horreur du travail et peut-être un nom moins difficile à prononcer ».

Ce nom terrible de Schneitzhœfer fit, en effet, plus de tort qu'on ne serait tenté de le croire au pauvre artiste. « Dans la vie, dit spirituellement l'auteur des *Petits Mémoires de l'Opéra*, hommes et livres sacrifient beaucoup à un nom, et ils n'ont pas tort. Il y a de bons et de mauvais noms, des noms à succès et des noms maudits. Au théâtre, le nom marche presque sur la même ligne que le talent. Chantez comme Malibran, dansez comme Taglioni, mais appelez-vous Chapoudaillard ou Schneitzhœfer, et vous verrez si jamais le public idolâtre vous rappellera, s'il daignera s'érailler le gosier avec un nom raboteux ou se salir la bouche avec un nom de portier. Vous en serez pour vos roulades et pour vos entrechats. Je ne connais, au théâtre, que deux exceptions à cette maligne influence du nom : mademoiselle Miolan et M. Clapisson, qui ont si complètement triomphé du Miolan ou du Clapisson. Ah! s'ils s'étaient seulement appelés comme tout le monde! »

L'infortuné compositeur s'était bien aperçu que son diable de nom, difficile à prononcer pour des lèvres françaises, pourrait être un obstacle à la réputation qu'il méritait; mais il était déjà trop tard pour en changer et se donner un pseudonyme plus humain. Il prit le parti d'en rire le premier, de ce nom cacophonique, et des curieux ont conservé des cartes de visite, sur lesquelles on lit : Schneitzhœfer, suivi de cette parenthèse ironique (lisez Bertrand).

Nous avons dit que le canevas de *la Tempête* était en grande partie de Nourrit. Le titre, l'idée première et quelques détails seulement de ce ballet étaient empruntés à Shakspeare. Tout le reste était de l'invention de Nourrit. Le livret, disons-le, ne valait pas cher, même comme livret de ballet; aussi, sans entrer dans plus de détails, nous contenterons-nous de dire que la scène se passait au moyen âge, dans une île de l'Archipel, prise par les Turcs.

La musique était meilleure heureusement, et le docteur Véron, qui fondait beaucoup d'espérance sur ce ballet, ne négligea rien pour le monter avec un luxe inusité de mise en scène et de décorations.

Un détail donnera l'idée de l'intérêt passionné que le docteur Véron portait à *la Tempête,* et, en même temps, de l'activité et de la conscience qu'il mettait dans toutes les parties de l'exécution des pièces qu'il montait.

Le deuxième acte se terminait par l'illumination d'un palais, ou plutôt d'un boudoir, et d'une grotte fantastique avec parties transparentes. On commençait alors à se servir du gaz pour les effets de scène A la répétition générale, les tuyaux, commandés pour l'illumination du deuxième acte, manquent à l'appel.

Véron monte en voiture, à onze heures du soir, en nous disant de l'accompagner, Duponchel, Despléchin, Feuchères et moi.

— Rue Paradis-Poissonnière, chez Albouy! s'écrie Duponchel.

Relancé au gîte, Albouy avoue que ce n'est pas lui qui fait les tuyaux en question, qu'il les fait faire en ville.

— Où? s'écrie Véron d'une voix formidable.
— Rue Nicolas-Flamel.

Nous repartons aussitôt pour la rue Nicolas-Flamel. Il était plus de minuit. Nous ne savions ni le nom, ni la maison de l'ouvrier. Nous réveillons le quartier, et nous trouvons le faiseur de tuyaux.

— Cent francs de plus pour vous, lui dit Véron sans perdre son temps en reproches inutiles, si, ce matin avant dix heures, vos tuyaux sont à l'Opéra, posés et prêts à manœuvrer!

Et nous voilà repartis, cette fois, pour aller souper et nous coucher. Nous avions bien gagné notre nuit.

Avant neuf heures du matin, Albouy était sur le théâtre; à dix heures, on faisait une répétition générale de l'illumination, et, le soir, on donnait *la Tempête* [1].

Ce tableau de l'illumination et un autre tableau, au premier acte, qui représentait un horizon borné par la mer, furent pour beaucoup dans le succès du ballet. Les eaux de la mer étaient reproduites et mises en mouvement par des moyens nouveaux à Paris. M. de Boigne

1. *Petits Mémoires de l'Opéra*.

trouvait cette mer bien supérieure à celle, demeurée célèbre pourtant, du *Corsaire*.

« Rien qu'en la regardant, disait-il, on avait le mal de mer. »

Mais le docteur Véron ne s'était pas contenté de soigner d'une façon tout à fait particulière la mise en scène et les décorations de *la Tempête*, il avait fait tout exprès le voyage de Londres pour en ramener une danseuse célèbre à l'étranger, mais encore inconnue en France, et lui donner le principal rôle, celui de la fée Alcine [1]. Cette danseuse, dont l'apparition sur la scène de l'Opéra devait donner le signal d'une véritable révolution dans l'art de la danse n'était autre que Fanny Elssler.

Le sceptre de la danse à l'Opéra était alors aux mains de Marie Taglioni, qui l'avait ravi de haute lutte à la Montessu, en 1827.

Le talent de la nouvelle venue avait un tout autre caractère que celui de Taglioni; elle dansait avec une grâce mutine et provocante qui ne ressemblait en rien au genre classique de la *prima ballerina*. Élégante, gracieuse, légère,

[1]. Le chiffre des appointements offerts par le docteur Véron à Fanny Elssler, pour l'attacher à l'Opéra, était de 46,000 francs.

sans grands élans, mais soignant ses pas avec un fini précieux, elle exécutait un trille de battements comme Paganini l'eût fait sur son violon. Ajoutons à cela que non seulement elle dansait à ravir, mais qu'elle était fort jolie.

Le succès de la débutante ne fut pas douteux un seul instant. Dès son premier pas sur la scène, elle avait déjà toute la salle à ses pieds. Les journaux du lendemain célébraient son triomphe avec un lyrisme débordant.

« Quand on vit s'élancer ce corps ravissant, dit le *Courrier des Théâtres*, si redouté à l'ordinaire, quand on vit se développer les charmes de ces épaules, de ces bras, de ces jambes faites au tour, quand on vit étinceler ces yeux dont les agaçantes prières sont d'irrésistibles ordres, on battit des mains depuis le centre jusqu'aux extrémités de la brillante enceinte. Le plaisir devint de l'enthousiasme lorsque mademoiselle Elssler se mit à danser de cette danse qui est la *sienne* et qui ne ressemble, pas plus qu'elle ne veut leur nuire, à celles qui caractérisent le talent de chacune de ses nouvelles rivales. C'est en la voyant qu'on en prendra une idée exacte, car toute espèce de récit la définirait mal. Les gens de l'art appellent cela une danse *taquetée* (ou plutôt *tactée*), pour dire qu'elle consiste principalement en petits pas rapides, corrects, serrés, *mordant* la planche, et toujours aussi vigoureux, aussi fins qu'ils ont de grâce et d'éclat. Les *pointes* y jouent un grand rôle, un rôle qui attache le regard et étonne l'imagination; elles feraient le tour du théâtre sans paraître se fatiguer, et sans que les attraits qu'elles supportent perdissent rien de leur incroyable aplomb ou de leur moelleuse volupté. Il était impossible de trouver un plus frappant contraste avec le mérite, si justement apprécié, de mademoiselle Taglioni, dont la danse est toute *ballonnée* (c'est encore un terme de l'art). »

On pense bien que Taglioni n'abandonna point sans résistance à sa jeune et jolie rivale ce fameux « sceptre de la danse » que personne ne lui avait disputé sérieusement depuis sept ans. Les abonnés, les journaux et le public se séparèrent en deux camps, et la guerre commença entre les deux artistes, une guerre qui devait durer deux ans et se terminer par la défaite de la Taglioni. Quatre ans plus tard, il est vrai, en décembre 1840, l'heureuse rivale de

Marie Taglioni devait être détrônée à son tour par Carlotta Grisi, laquelle après avoir fait son temps, dut aussi céder la place à une autre, à Francesca Cerrito, que la Rosati vint ensuite chasser pour être remplacée, son règne terminé, par Amalia Ferraris. Puis, ce fut le tour de la pauvre Emma Livry, que sa mort affreuse déroba seule au sort commun à toutes les premières danseuses ses devancières.

Disons cependant que ce n'est point dans *la Tempête* que Fanny Elssler donna la mesure de son talent, et qu'il faut aller jusqu'aux beaux jours du *Diable boiteux* et de la fameuse *cachucha*, pour voir le triomphe définitif de la sémillante ballerine.

A côté d'elle, le second rôle de *la Tempête* était tenu par une autre danseuse, qui avait eu aussi son heure de célébrité, et qui avait débuté dans *la Tentation* aux applaudissements d'une foule idolâtre, Pauline Duvernay. Le ballet en question était d'une incroyable faiblesse ; mais le rôle de Miranda, composé avec amour pour mademoiselle Duvernay, mettait admirablement en relief les charmes de la femme et les qualités très réelles de la danseuse.

12.

Pauline Duvernay était alors une des plus ravissantes femmes qui se pussent voir. Elle avait vingt ans, des yeux charmants, la jambe adorablement tournée et la taille d'une élégance parfaite. Quant à sa danse, elle était pleine de grâce et de brio. « Une autre Taglioni, plus la beauté! » disaient ses admirateurs passionnés, et ils étaient nombreux! Enfin, d'après M. de Boigne, elle était peut-être la seule danseuse qui eût de l'esprit.

On comprend qu'avec ces atouts dans son jeu, Pauline Duvernay n'eut point trop de peine à passer étoile. Et puis vinrent les aventures romanesques qui firent bientôt une légende autour de son nom, en ajoutant encore à sa popularité.

C'est ainsi qu'un beau jour tout Paris apprenait avec désespoir que la jolie ballerine avait disparu subitement de l'Opéra, sans que personne sût ce qu'elle était devenue; quelque temps après, on la retrouvait au fond d'un couvent, d'où elle se laissait arracher, du reste, sans trop de violence.

Un autre jour, le bruit court à travers la ville désolée que l'adorable danseuse s'est empoisonnée par désespoir d'amour, et, détail navrant, avec une décoction de sous et de vinaigre ! Heureusement, les nouvelles rassurantes arrivent bientôt, et les populations, encore toutes bouleversées, apprennent avec une joie délirante qu'à force de soins éclairés tout danger est écarté.

Puis ce sont les mésaventures des adorateurs de la délicieuse Pauline qu'on se raconte à l'oreille.

— Vous m'aimez? dit-elle un jour à un vieux beau fort riche, mais m'aimez-vous autant que cent mille francs?

Le boyard ne répond rien ; mais, le lendemain, en rentrant chez elle, après sa leçon de danse, Pauline Duvernay le trouve installé dans son salon, les pieds sur le canapé ; à côté de lui, sur la table, une cassette.

— Ma chère, lui dit-il d'un air dégagé, vous m'avez demandé hier si je vous aimais autant que cent mille francs. Voici ma réponse !

Et, d'un geste noble, il ouvre la cassette, qui renfermait cent mille francs en or.

— Mon cher, répond Duvernay en retirant sa main, dont le lourdaud s'était emparé, d'abord faites-moi le plaisir de ne pas salir mon canapé avec vos pieds ; ensuite dépêchez-vous de remporter toute cette ferraille. J'ai voulu plaisanter, mon cher.

C'est également à Pauline Duvernay qu'est arrivée l'aventure suivante, qu'on a quelquefois attribuée à d'autres jolies femmes.

Un jeune secrétaire d'ambassade ayant mis sa vie aux pieds mignons de la danseuse :

— Votre vie ? riposta Pauline. Allons donc ! Si je vous demandais seulement de me sacrifier une de vos dents, celle du milieu, par exemple, nous verrions ce que deviendrait ce grand amour.

— Vous le voulez ? crie l'amoureux. Eh bien, attendez-moi.

Une heure après, le jeune diplomate reparaît, son mouchoir sur la bouche et sa dent à la main.

— Malheureux ! s'écria la folle et cruelle enfant, je vous avais demandé la dent d'en bas, et c'est celle du haut que vous m'apportez !

L'infortuné secrétaire d'ambassade court encore.

Enfin, en 1836, Pauline Duvernay eut une dernière aventure dont le dénouement fut plus sérieux : elle quitta l'Opéra pour se marier avec un riche lord anglais, qui lui constituait un douaire de dix mille livres sterling et quatre-vingt-dix mille livres de revenu.

Nous avons emprunté la plupart de ces souvenirs de coulisses aux *Petits Mémoires de l'Opéra*, charmant volume, écrit avec une verve endiablée, et bourré d'anecdotes piquantes et de faits curieux.

Charles de Boigne, l'auteur de ces *Petits Mémoires de l'Opéra*, était le propre neveu de ce fameux comte de Boigne qui fit une fortune si singulière dans l'Inde, au service du rajah Scindiah. Revenu en Europe avec des richesses immenses, l'opulent aventurier s'était fixé d'abord en Angleterre, où il avait épousé une très jeune femme, la fille du marquis d'Osmond, dont il ne tarda pas du reste, à se séparer[1]; puis il était allé s'établir définitivement à Chambéry, sa ville natale. Il y fit bâtir un théâtre, dota richement l'Hôtel-Dieu et l'hospice de la Charité, et fonda plusieurs maisons d'asile et de refuge, notamment la maison de Sainte-Hélène qui sert

---

1. Madame la comtesse de Boigne s'est fait connaître en littérature par deux romans : *la Maréchale d'Aubemer, une Passion dans le grand monde*, et par *les Mémoires de la comtesse de Boigne*, dont M. Guizot donna un compte-rendu fort élogieux.

de dépôt de mendicité, et l'hospice de Saint-Benoit, destiné aux vieillards des deux sexes appartenant à une bonne famille et ayant éprouvé des revers de fortune.

Il y mourut le 21 juin 1830, dans sa quatre-vingtième année.

La ville de Chambéry, pour honorer la mémoire de son opulent et généreux bienfaiteur, a donné le nom de rue de Boigne à la belle et large rue, bordée d'arcades, qui la traverse en droite ligne dans toute sa longueur et qui aboutit, par l'une de ses extrémités, à l'ancien château des ducs de Savoie.

En outre, elle a élevé, à l'autre extrémité de cette même rue, au milieu du boulevard, une fontaine monumentale, à laquelle on a donné également le nom de fontaine de Boigne. Cette fontaine se compose d'un piédestal quadrangulaire dont les faces sont ornées de têtes d'éléphant en bronze, de grandeur naturelle, lançant par la trompe des jets d'eau qui retombent dans un bassin. Au-dessus de ces têtes d'éléphant sont quatre bas-reliefs représentant les principales actions de la vie du comte. Le piédestal est surmonté d'une colonne de quarante pieds de haut que domine la statue colossale du comte de Boigne, en uniforme de lieutenant général. Le principal défaut de cette fontaine est d'être placée sur un terrain trop bas, de telle sorte qu'à une certaine distance, sa partie inférieure est comme enterrée. Certains détails d'ornementation sont également d'un goût contestable.

Pour écrire ses *Petits Mémoires de l'Opéra*, l'auteur n'avait, du reste, qu'à se souvenir ; car il avait été lui-même un des esprits les plus aimables et un des témoins les plus distingués de cette période qu'il raconte si galamment, après l'avoir vécue. Il figurait au premier rang de ces abonnés de l'Opéra, auxquels il dédia son livre, et qui furent pour beaucoup dans le succès de la direction Véron.

Quand le docteur Véron arriva à l'Opéra, les coulisses étaient interdites, par un arrêté spécial du duc Sosthènes de la Rochefoucauld, aux grands seigneurs de la Restauration. Comprenant qu'un attrait de ce genre ne manquerait point de grossir le chiffre des locations, Véron ouvrit aux abonnés la porte des *jardins d'Armide* ; — lisez : des coulisses de l'Opéra.

On a beaucoup reproché à Véron le cynisme

avec lequel il sut exploiter et faire tourner à son profit l'attrait capiteux que les petits mystères des coulisses et des foyers ont eu, de tout temps, le privilège d'exercer sur certains personnages de haut vol. On a rappelé notamment ces fameuses soirées où le fastueux directeur de l'Opéra, donnait à ses invités la primeur des œuvres qui devaient être prochainement exécutées. On a parlé également de réunions d'un caractère plus intime, dont la *great attraction* comme on disait alors, ou le *clou* comme on dit aujourd'hui, était la présence des plus jolis sujets de la danse.

Enfin, on a fait un crime au célèbre docteur de ses complaisances sans nombre, et de tout genre, pour ses abonnés ; et de ses préférences ouvertes pour les artistes, dont les charmes fortement goûtés des avant-scènes étaient le principal mérite.[1]

Sans vouloir nous constituer le défenseur de ces procédés quelque peu orientaux, nous ferons

---

[1] Avec son cynisme jovial et inconscient, le docteur Véron ne se cache point de cette faiblesse calculée : « Je donnai le principal rôle (de *l'Orgie*, ballet, musique de Carafa, du 19 juillet 1831), celui de Marie, à mademoiselle Legallois, dont les débuts à l'Opéra avaient été protégés par le général Lauriston. Mademoiselle Legallois ne

simplement observer que bien peu de directions passées, présentes ou futures, ont été, sont ou seront à l'abri d'un pareil reproche.

C'était surtout les jours de ballet que les abonnés, qui avaient le privilège d'entrer dans le sérail et qui en connaissaient admirablement les détours, venaient en foule rendre hommage à la beauté et à la chorégraphie. On y rencontrait des ambassadeurs, des députés, des pairs de France, des ministres. Les madame Cardinal du temps y accompagnaient parfois leur fille, témoin celle qui disait un jour, devant Véron lui-même, à certaine danseuse, dont la froideur inopportune la désespérait : « Sois donc plus aimable, plus tendre, plus empressée avec ces messieurs ! Si ce n'est pour ta mère, que ce soit au moins pour tes chevaux ! »

A propos des complaisances de toute sorte que le directeur avait pour les abonnés, et les amis ou amies de ceux-ci, il convient de rap-

---

manquait pas d'un certain talent comme mime, mais jusque-là, elle avait vu tous les rôles de pantomime importants donnés de préférence à mademoiselle Noblet, protégée par le général Claparède; c'était entre les deux généraux une guerre acharnée. » (*Mémoire d'un bourgeois de Paris*, t. III.)

peler cette soirée fameuse entre toutes dans les fastes de l'Opéra, où le bal de *Gustave*, comme on appelait le ballet du cinquième acte de *Gustave III*, fut dansé par des dames du monde et des abonnés. Rien n'égalait la magnificence de ce bal où circulaient et tournoyaient dans un brillant et pittoresque fouillis mille et mille costumes empruntés à toutes les époques et à tous les pays ; il se terminait par le célèbre galop qui fit le tour du monde. On raconte que quelques dames du plus grand monde eurent la fantaisie de figurer, à la faveur du masque et du déguisement, parmi les comparses à quinze sous le cachet du bal de *Gustave*, et que, le directeur s'étant prêté à cette étrange fantaisie, les *lions* de la loge infernale ne voulurent pas rester en arrière et se mêlèrent également aux groupes de danseurs, affublés de peaux d'ours : de sorte que le public put assister, ce jour-là, sans s'en douter, il est vrai, à un divertissement de haut goût, dont l'affiche ne faisait pas mention [1].

1. Le ballet de *Gustave III* nous rappelle le nom du danseur-mime Élie, dont les journaux annonçaient récemment la mort, et qui fut pour une grande part dans le succès de ce ballet. Assez peu remarqué jusque-là, il se

Mais ces faveurs accordées par l'habile directeur au monde élégant eurent pour inconvénient grave de susciter des embarras aux directions qui suivirent ; les abonnés se considéraient, en quelque sorte, comme les maîtres de la maison et se croyaient de bonne foi le droit de dicter leurs volontés pour le choix du personnel du chant et surtout de la danse. Cette situation devait fatalement amener des complications désastreuses. Tant que Véron demeura à l'Opéra, aucun nuage ne vint troubler la paix entre les avant-scènes et la direction. Mais, Véron parti, cette paix se changea en trêve armée pour Duponchel et en guerre ouverte pour Léon Pillet.

révéla dans un pas mirifique, où il dansait sous deux faces : d'un côté, habillé en marquis, il mimait avec des poses précieuses des figures de caractère ; puis, tout à coup, il se retournait et l'on voyait alors un polichinelle se livrant aux pas excentriques les plus échevelés. Tout Paris courut à l'Opéra pour voir Élie dans ce double pas, et le danseur devint un personnage. Les amateurs de peinture ont tous vu une aquarelle de Gavarni, où cet artiste était représenté avec cette légende : *M. Élie, premier diable bleu de l'Opéra.* En véritable descendant de Vestris, Élie pensait que l'art de tourner sur l'orteil est le premier des arts. C'est lui qui, un soir, dans les coulisses, disait au docteur Ricord : « Il n'y a rien comme la danse pour entretenir la santé. Si le roi avait le sens commun, il remplacerait toutes vos cliniques par des écoles de danse. » Élie est mort à l'âge de quatre-vingt-quatre ans.

Nous aurons occasion de raconter plus tard les mauvais tours que ces redoutables abonnés jouèrent à Duponchel, à l'occasion de la retraite de la Taglioni, et à Pillet, à l'occasion de celle de Rosine Stolz.

Les plus enragés de ces abonnés, c'étaient les *lions*, locataires de la baignoire d'avant-scène dite *loge infernale*. Ces messieurs s'étaient fait fabriquer, par l'ingénieur Chevalier, des lorgnettes qui grossissaient trente-deux fois les objets, et les rapprochaient d'autant; pour eux, le maillot était une chimère ; point de jambes si bien cuirassées qu'ils ne déchiffrassent à jupons ouverts.

Albéric Second, l'auteur des *Petits mystères de l'Opéra* (un volume devenu introuvable), a fait la remarque assez piquante que presque tous les lions de la loge infernale ont mal fini : témoin M. Duranton, qui se brûla la cervelle ; M. Conrad de Lagrange, qui mourut subitement une nuit de mardi gras; le comte Germain, qui fut contraint de laisser vendre à l'encan les magnificences de son célèbre appartement du boulevard Montmartre ; M. Lautour, devenu plus tard modeste sous-préfet dans un trou ignoré de la Dordogne ou de la Haute-Vienne ; M. Chégaray, qui disparut subitement comme un simple notaire.

Seul, le marquis de Lavalette sortit sain et sauf de cette galère ; il épousa une veuve opulente et fit le joli chemin que l'on sait dans la politique et la diplomatie.

Et puisque nous sommes en train de citer des noms, ajoutons que la fleur des pois des coulisses de l'Opéra comprenait presque tout le fameux club de la rue Grange-Batelière, notamment le baron Vidil, qui entreprit un moment, mais sans succès, de ressusciter la mode des talons rouges ; le marquis de San-Yago, noble Castillan, trente-deux fois plus noble que le roi ; le baron Kniff, richissime Belge, qui portait toujours sur lui une boîte pleine de charmants bijoux qu'il offrait à ces dames, comme le docteur Véron offrait de la pâte Regnault ; le capitaine Gronow, le marquis du Hallay, MM. de Louzada, Caters, de Cambis, Achille Boucher, de Vatry, Belmont, d'Etchegoyen, de Montguyon, de Vaublanc, etc.

De nos jours, on ne va plus guère dans les coulisses de l'Opéra. Sans nous piquer d'un rigorisme exagéré, nous sommes de ceux qui ne regrettent point l'ancien état de choses ; toutefois, nous conviendrons volontiers que ce qui amoindrit encore nos regrets, c'est la pensée qu'aujourd'hui la compagnie serait peut-être un peu plus *mélangée,* si ce qu'on appelait autrefois « la porte des jardins d'Armide » était aussi complaisamment ouverte qu'aux beaux jours de la direction Véron.

X

Un chef-d'œuvre à la manière noire : *la Famille Moronval.* — Charles Lafont. — *Lord Byron à Venise.* — Madame Dorval. — Ligier. — Des ressources qu'un acteur de génie peut trouver dans sa laideur naturelle. — *L'Ambitieux* par Scribe *seul.* — Scribe et ses collaborateurs. — Un mot d'Alexandre Dumas, à propos des collaborateurs et de la collaboration. — Ce qu'on peut appeler une bonne journée pour un écrivain.

La Famille Moronval, dont la première représentation eut lieu à la Porte-Saint-Martin le 6 octobre 1834, peut passer pour un de ces drames de sang et de meurtres qui donnèrent son nom au boulevard du Crime.

C'est sous Louis XIII, à Rome pour le premier

acte, et à Toulouse pour les quatre derniers, que l'action se passait.

Un jeune homme, nommé Beppo, joueur, dépensier, à bout de ressources, poursuivi, traqué par tout le monde, par ses créanciers d'abord, puis par la police, qui l'accuse de s'être vengé d'un rival avec un coup de poignard, a pour maîtresse la chanteuse Olivia, qui lui persuade de se tirer d'embarras en assassinant un jeune gentilhomme toulousain, qui lui ressemble trait pour trait, et en se substituant à lui. A défaut d'autres expédients, Beppo finit par consentir; il poignarde le jeune comte de Moronval, s'empare de ses papiers, puis il quitte Rome et prend la poste pour Toulouse.

Cependant la vieille comtesse de Moronval attend de jour en jour le retour de son fils et se meurt d'inquiétude entre un vieux serviteur et une charmante jeune fille qui doit devenir sa bru. Arrive Olivia, sous le nom de la marquise de Seroni; elle a pris les devants pour préparer les voies au pseudo-comte de Moronval, et annoncer sa prochaine arrivée. Celui-ci se présente bientôt lui-même; il est reçu avec transport par tout le monde. Maître de la situation, il profite aussitôt de ses avantages pour donner son congé à la fausse marquise de Seroni, qui se retire en le menaçant de sa vengeance.

A l'acte suivant, Olivia revient de Rome, où elle est allée chercher, inutilement du reste, les preuves du crime de Beppo. Elle trouve celui-ci marié avec la fiancée du malheureux qu'il a assassiné et jouissant tranquillement du fruit de ses forfaits. Au moment où, dévorant sa rage, elle va s'éloigner, elle se rencontre avec un certain Salviati qui arrive de Rome, lui aussi; il a été témoin, témoin invisible, de l'assassinat du comte de Moronval, et celui-ci a pu lui confier, avant de mourir, la mission de venger sa mort et de dénoncer son meurtrier. Cette rencontre, qui devrait combler de joie Olivia, la trouble profondément, au contraire; car, au fond, elle aime toujours son amant. Pour gagner du temps, elle déploie toutes ses séductions et obtient de Salviati qu'il attendra un jour avant d'agir.

Voici le parti auquel s'arrête Olivia. Elle va trouver Beppo, elle lui apprend l'arrivée de Salviati et le menace de laisser consommer sa perte à moins qu'il ne renonce à sa jeune épouse pour la suivre, elle Olivia. Mais Salviati a tout entendu; outré de la perfidie de la chanteuse, il fait connaître à la vieille comtesse de Moronval l'assassinat de son fils par celui qui s'est audacieusement substitué à sa victime. Éperdue, tremblante d'horreur et d'épouvante, la pauvre mère tombe sans connaissance en traitant Beppo d'assassin.

Le dénouement de ce sombre mélodrame est plus noir encore que tout le reste. Madame de Moronval la mère a son secret, elle aussi. Ce secret, c'est un enfant, un enfant né hors mariage, et qui n'est autre que Beppo, de sorte que celui-ci s'est trouvé commettre un fratricide sans le savoir. Incapable de survivre à cette horrible découverte, la comtesse s'empoisonne ainsi qu'Olivia, et Beppo se livre de lui-même à la justice, sans trahir toutefois le secret de sa mère, qu'il est seul à connaître.

Tout compliqué, tout surchargé d'horreurs qu'est ce drame, il n'en est pas moins tout aussi intéressant que telle ou telle pièce à succès de nos auteurs à la mode. Ce qui semblerait avoir le plus vieilli, si la fantaisie prenait à quelque directeur de reprendre la *Famille Moronval*, c'est le style, les *Caïn! sois maudit!* les *voies stran-*

gulées, les *Pauvre jeune homme! je l'ai revu bien des fois dans mes rêves!* etc., sans compter un monologue interminable qui n'a guère moins de cent cinquante lignes.

La Famille Moronval était le début au théâtre de Charles Lafont, un auteur oublié peut-être aujourd'hui, mais qui n'en compta pas moins un certain nombre de succès retentissants, entre autres, *François Jaffier* (1836), *Jarvis l'honnête homme* (1840), la *Folle de la Cité* (1843), *la Marquise d'Aubran* (1848), *un Cas de conscience* (1839), qui servit de début à mademoiselle Doze aux Français; *Ivan de Russie* (1841), etc. Charles Lafont mourut en 1864, à l'âge de cinquante-cinq ans; il était attaché, depuis 1838, à la bibliothèque Sainte-Geneviève.

Quant aux principaux rôles, ils étaient tenus par mademoiselle Georges, par mademoiselle Falcoz [1], Lockroy, Delafosse et Provost, qui commençait déjà à se faire un nom, et qui devait

---

[1]. Agréable actrice de l'ancien Odéon. Elle avait épousé un officier, M. de Simancourt, qui mourut victime d'une étrange fatalité. Il assistait un jour, en simple spectateur, à un exercice à feu au Champ-de-Mars, lorsqu'une balle restée par mégarde dans un fusil vint le frapper mortellement.

entrer quelques mois plus tard au Théâtre-Français pour ne plus le quitter. Mademoiselle Georges se montra surtout superbe de jeu, de pantomime et de simplicité (ce qui n'était pas toujours son cas) dans le quatrième acte qui décida du succès.

Enfin les décorations ne manquaient pas non plus d'intérêt, surtout celle du premier acte, qui présentait l'appartement de la chanteuse Olivia à Rome, un riche appartement italien, dans le goût de la Renaissance.

Après ces décorations, nous en exécutâmes deux autres dans le même genre pour un drame en trois actes d'Ancelot, qui fut donné au Théâtre-Français le 6 novembre de cette même année 1834, *Lord Byron à Venise*.

Comme l'indique le titre, la scène se passait dans la ville des lagunes, ce qui prêtait fort au pittoresque. Notre décoration du premier acte était particulièrement réussie ; elle représentait une terrasse du palais Oroboni, avec une balustrade coupée au milieu par un escalier dont les marches étaient supposées baignées par l'eau du canal. La toile de fond, derrière cette balustrade, représentait d'un côté une ligne de palais et d'édifices qui se perdait au loin, et, de l'autre, la mer avec de nombreux vaisseaux.

Il y avait d'assez jolies scènes dans ce drame décousu, incohérent, mais curieux en somme et bien écrit. La figure de Byron était étudiée avec soin, quoiqu'elle manquât un peu d'unité. L'auteur le montrait tiraillé entre trois ou quatre femmes, qu'il semblait aimer également, une comtesse, une lady, une jeune fornarina, sans compter lady Byron, sa propre femme; par là-dessus, et s'entremêlant avec ces amours multiples, arrivait je ne sais quel complot des patriotes vénitiens contre l'Autriche, complot dans lequel Byron se trouvait compromis. Au dénouement, le poète faisait ses adieux aux habitants de Venise dans une improvisation chaleureuse et s'embarquait pour la Grèce, avec le pressentiment qu'il trouverait la mort dans cette aventureuse entreprise.

Une des scènes qui firent le plus d'effet, ce fut celle où le valet de chambre de Byron introduisait, dans le palais qu'il habitait, des voyageurs anglais curieux de voir leur illustre compatriote. Furieux de cette indiscrète curiosité, Byron présentait aux intrus, pour les mystifier, un corsaire de ses amis comme étant le grand homme qu'ils désiraient voir. Mais alors un des Anglais, l'entraînant lui-même à l'écart, lui disait : « Puisque vous êtes l'ami de lord Byron, dites-lui donc quel tort il se fait de parler avec mépris de toutes les croyances sacrées de l'homme... » Alors, Byron, oubliant son rôle, éclatait et disait son fait à ses ennemis avec un débordement d'amertume et d'ironie véritablement éloquent.

Le rôle de Guita, ou Margarita, la jeune fornarina, est aussi fort joliment traité. Cette fille du peuple, tout à sa passion, dévouée et jalouse à la fois, qui parle de tuer son amant si jamais elle apprend qu'elle a une rivale, et qui se jette dans le Grand-Canal quand elle découvre qu'il est marié, est touchante et gracieuse. Madame Dorval produisit, dans ce rôle, une très vive impression.

Quant à lord Byron, c'est Ligier qui le jouait. Encore un artiste puissant et original, ce Ligier ! Nul ne sut, comme lui, imprimer à ses rôles une physionomie ineffaçable. Nul surtout ne sut donner toute sa puissance à la terreur, le plus grand élément dramatique après la pitié. C'était par la sombre énergie de son jeu principalement qu'il frappait, et aussi par le masque de laideur effrayante qu'il savait imprimer à son visage. Il dut aussi une belle part de son succès au magnifique organe qu'il avait reçu de la nature, à sa voix pleine, mordante et sonore, ainsi qu'à sa remarquable facilité de conception, qui lui permettait de créer un rôle en peu de jours avec autant d'assurance et de talent que s'il eût donné beaucoup plus de temps à son étude. Ses principaux défauts étaient l'exiguïté de sa taille, sa tournure plébéienne, sa gesticulation incohérente; il manquait de sensibilité, et sa déclamation était trop souvent rude et emportée. Caractère indocile, esprit ambitieux, doué d'une dose énorme d'amour-propre et d'obstination, il eut presque toute sa vie maille à partir avec ses directeurs.

Avant d'essayer du théâtre à Bordeaux, sa ville natale [1], il avait été d'abord ouvrier vitrier chez son père; puis il était parti pour Paris et était entré au Conservatoire. L'année même de son admission, il avait remporté le premier prix de tragédie, et, six mois après, il débutait aux Français dans le rôle de Néron de *Britannicus*, puis dans *Coriolan*, puis dans Oreste

---

[1]. Il était né le 10 novembre 1796.

d'*Andromaque*. Ces trois épreuves successives n'ayant été que médiocrement heureuses, il fut admis seulement à l'essai, avec promesse de réception. Mais il ne tarda pas à se mettre en lutte ouverte avec les règlements, et, après maints débats avec le comité, il dut quitter le Théâtre-Français.

Il parcourut alors la province pendant deux années. De retour à Paris en 1825, il entra à l'Odéon et y resta jusqu'en 1828. Outre les rôles de l'ancien répertoire, il joua avec éclat dans *Cléopâtre*, dans *la Maréchale d'Ancre* et dans *une Fête de Néron*.

En 1829, il passa à la Porte Saint-Martin pour créer *Marino Faliero*.

Il revint ensuite à l'Odéon, puis enfin il entra aux Français comme sociétaire. Il y devint bientôt l'interprète privilégié de Casimir Delavigne, qui lui donna les principaux rôles de ses ouvrages, notamment de Louis XI dans la pièce de ce nom, et de Richard dans *les Enfants d'Édouard*. Il se montra en même temps, dans l'ancien répertoire, principalement dans *Nicomède*, dans *Andromaque* et dans *Britannicus*, et joua, en outre, avec éclat, Frédéric de Hohenstaufen, dans *les*

Burgraves, et Triboulet dans *le Roi s'amuse*.

Il quitta les Français en 1852, avec des droits à la pension. Il donna encore une série de représentations à la Porte Saint-Martin, puis ne joua plus qu'à des intervalles plus ou moins éloignés. Quand il se fut définitivement retiré de la scène, il s'en retourna à Bordeaux, où il mourut le 26 septembre 1872, à la suite d'une attaque de paralysie ; il était âgé de près de soixante-dix-sept ans. Ses compatriotes lui firent des obsèques somptueuses, et, quatre ans après, son buste, œuvre d'un artiste bordelais, était couronné solennellement sur le Grand-Théâtre ; Monselet lut même, à cette occasion, une biographie du tragédien.

Ligier laissa un fils, qui est aujourd'hui lieutenant-colonel d'infanterie de marine et gouverneur de la Nouvelle-Calédonie.

Dans le courant de cette même année, 1834, le Théâtre-Français nous demanda encore une décoration représentant un riche salon du palais de Windsor, reproduisant avec une scrupuleuse fidélité les somptueux appartements de cette royale résidence. Cette décoration était destinée à *l'Ambitieux*, grande comédie en cinq actes, de Scribe, dont la première représentation fut donnée le 27 novembre 1834.

Cette fois, Scribe signa seul cette pièce, une des plus importantes de son répertoire, comme s'il eût voulu répondre au reproche qu'on lui fit tant de fois de mettre son nom au bas de pièces entièrement composées par d'autres : reproche absolument injuste; car, toutes les fois que Scribe a voulu réellement monter, il a jeté par-dessus bord les collaborateurs qui lui servaient de lest; et il a eu raison, car alors il a fait *le Mariage d'argent, Bertrand et Raton* et *la Camaraderie*, sans parler de *l'Ambitieux*.

A ce propos, connaissez-vous, au monde littéraire, une question plus controversée que celle de la collaboration, de sa nécessité, de ses avantages et de ses inconvénients?

Si l'on en croit M. Legouvé, il existe de par le monde une foule d'esprits charmants, mais incomplets, ou trop ardents ou trop mûrs, qui, laissés à eux seuls, ne peuvent produire que des œuvres imparfaites, et qui, associés à une autre imagination, deviennent féconds, créateurs, originaux même!.. *Le Gendre de M. Poirier, les Faux Bonshommes, le Voyage de M. Perri-*

chon, etc., n'existeraient pas sans la collaboration.

Mais si, d'autre part, on écoute Alexandre Dumas, un homme assurément compétent en pareille matière, et à qui n'a pas été épargné non plus le reproche que l'on jetait si légèrement à la face de Scribe, les collaborateurs ne poussent pas en avant, ils tirent en arrière; en revanche, ils vous attribuent généreusement les fautes et se réservent modestement les beautés; tout en partageant le succès et l'argent, ils gardent l'attitude de victimes et d'opprimés; enfin, entre deux collaborateurs, il y a presque toujours une dupe, et cette dupe, c'est l'homme de talent; car le collaborateur, c'est un passager intrépidement embarqué dans le même bateau que vous, qui vous laisse apercevoir petit à petit qu'il ne sait pas nager; que, cependant, il faut soutenir sur l'eau au moment du naufrage, au risque de vous noyer avec lui, et qui, une fois arrivé à terre, va disant partout que, sans lui, vous étiez un homme perdu.

Quoi qu'il en soit, c'est lassé d'entendre répéter ces sottes et injustes accusations, qui lui refusaient la puissance de produire sans l'aide d'un ou de plusieurs collaborateurs, que Scribe fit seul, en quatre ans, pour le Théâtre-Français, et sans nuire aux autres ouvrages qu'il donnait en même temps à l'Opéra, à l'Opéra-Comique et au Gymnase, quatre grandes comédies en cinq actes, entre autre *l'Ambitieux*.

Assurément, Robert Walpole, le premier ministre de George II, roi d'Angleterre, que Scribe avait choisi comme le type et le héros de sa pièce, Robert Walpole était un caractère intéressant à étudier et qui prêtait évidemment à la comédie. Mais, comme l'avoue lui-même M. Legouvé, qui aimait trop Scribe pour le juger toujours avec autant d'impartialité, le fécond écrivain eut rarement le sentiment de ces fortes individualités qu'on appelle des caractères, et, sauf dans *Bertrand et Raton*, Rantzau et Burkenstaff, sauf une admirable et dernière scène de *l'Ambitieux*, on peut dire que ses comédies offrent moins la peinture que la mise en scène du cœur humain.

Il est certain que, pour ce qui concerne *l'Ambitieux*, les trois premiers actes, bien que remplis de traits déliés et d'observations spirituelles, de mots trouvés et d'aperçus d'une finesse mor-

dante, ne sont pas dessinés d'un crayon assez
large ni peints de tons assez vigoureux ; l'intérêt
s'éparpille entre les divers personnages, et ce n'est
en réalité que vers la fin du quatrième acte
que l'Ambitieux apparaît dans toute sa valeur ;
c'est bien le type annoncé, le puissant qui se
dit fatigué de son joug et qui frémit de rage à
l'idée de le perdre, et chez qui la soif du pouvoir étouffe les plus doux sentiments de la
nature. Nous entrons alors dans la comédie *de
caractère*, dans celle qui prend la forme comique pour prétexte à donner une leçon au cœur
humain, et qui, si elle ne corrige pas, provoque
du moins la réflexion et revêt ainsi une haute
valeur morale.

Bien que cette comédie soit, en général, écrite
avec plus de soin que bien d'autres signées du
même nom, j'y ai relevé encore un certain nombre de ces libertés de style qu'on a tant repro-
chées à Scribe, celle-ci, par exemple :

« Dans mon état de docteur, je suis estimé,
considéré, je ne m'en tire pas trop mal... A la
Chambre, *ça* ne serait plus *ça.* »

Et cette phrase que l'auteur met dans la bouche d'une jeune fille parfaitement élevée :

« Hier, quand vous me parliez d'aimer quelqu'un, je vous ai promis de vous dire si *ça* venait. Eh bien, mon père, c'est venu... ou plutôt, c'est parti ! »

Si les jeunes filles parfaitement élevées parlaient ainsi de l'amour, comment pourraient bien en parler celles qu'on appelait, du temps de Scribe, des lorettes ?

L'Ambitieux était monté d'une façon merveilleuse. C'était Firmin qui jouait George II ; Geffroy, Robert Walpole ; Menjaud, Henri, neveu de Walpole ; Samson, Neuborough, le vieux médecin ; et enfin mademoiselle Plessy, Marguerite Neuborough.

Le succès, un peu contesté tout d'abord pendant les trois premiers actes, se dessina d'une façon éclatante au quatrième et au cinquième, et les artistes, qui s'étaient montrés à l'envi pleins d'ardeur et de talent, le partagèrent avec l'auteur.

Par une coïncidence assez curieuse, le matin même du jour où Scribe remportait ce nouveau triomphe sur la scène de la rue Richelieu, il avait été élu membre de l'Académie française. Sur vingt-huit votants, l'auteur de *l'Ambitieux* avait obtenu douze voix au premier tour de scrutin, et quinze au second tour : il avait pour concurrents Ballande et Salvandy.

Le 27 novembre 1834, on peut dire que Scribe ne perdit pas sa journée !

XI

Chatterton. — La *soirée* d'Alfred de Vigny. — Les détracteurs et les enthousiastes. — Le grand succès est pour Kitty Bell. — Portrait d'Alfred de Vigny. Son caractère, son talent. — Son mariage. Un beau-père comme il y en a peu. — Samson et Dalila, ou les amours d'un poète et d'une comédienne. — Madame Dorval; ses débuts. Kitty Bell est à la fois la personnification la plus expressive de son talent et l'apogée de sa réputation. — La scène de l'escalier. — Portrait de madame Dorval : « Je ne suis pas belle, je suis pire! » — L'esprit et la gaieté de madame Dorval; son excellent cœur. — Sa mort lamentable. — Merle, le mari de madame Dorval.

Un des souvenirs les plus glorieux de ma longue carrière de décorateur, c'est l'honneur que j'eus d'attacher mon nom à l'un des succès les plus retentissants de l'école romantique au théâtre. C'est de mon atelier, en effet, que sortirent les deux décorations de *Chatterton* : l'une représentant la chambre de Chatterton, « cette chambre nue et froide (disait Théophile Gautier), à peine éclairée par une lampe avare et dans laquelle la lune plonge par les carreaux brouillés avec son regard blanc et son visage de morte, triste et seule compagne d'une âme à l'agonie, inspiratrice défaillante d'un travail convulsivement découragé ; avec cet étroit grabat, plus semblable à un cercueil qu'à un lit, plus fait pour le cadavre que pour le corps, au bord duquel Chatterton veut forcer sa pensée vierge à se donner pour de l'argent comme une courtisane... » L'autre décoration figurait l'arrière-boutique du riche marchand John Bell, avec sa porte vitrée, à travers les petits carreaux verdâtres de laquelle on aperçoit la boutique et l'escalier tournant à rampe de bois, qui conduit à la chambre de Chatterton.

La première représentation de ce drame exquis et superbe, qui fut donnée le 12 février 1835, avec Geffroy, Joanny et madame Dorval, est restée dans l'esprit des hommes de cette génération qui existent encore, comme l'une des plus vives impressions de leur jeunesse.

A ce moment-là, en effet, la question d'art dominait toutes les autres; les passions politiques, si vives pourtant qu'elles fussent alors, s'effaçaient devant les passions littéraires. La voie dramatique avait été, sinon entièrement ouverte, du moins sensiblement déblayée, à la conception du drame. *Othello*, *Henri III*, *Hernani*, avaient marqué l'ère nouvelle du théâtre en France. Les journaux étaient remplis de polémiques entre les derniers tenants des classiques et la jeunesse, qui se pressait, ardente, intrépide, autour des brillants coryphées du romantisme.

Le drame de *Chatterton* a été repris. Napoléon III voulut assister à cette représentation, et, comme il arriva vers le milieu du premier acte, on recommença pour lui; ce que nombre de spectateurs trouvèrent un peu excessif. La pièce produisit également très grand effet ce soir-là. C'était Geffroy qui jouait Chatterton, comme à la création; bien qu'il fût naturellement beaucoup moins jeune, moins agile et moins vigoureux que vingt-deux ans auparavant, il se montra cependant magnifique, surtout dans le fameux monologue du troisième acte, ce monologue presque aussi long que celui du *Mariage de Figaro*, et qu'il disait avec un accent d'éloquence désespérée qu'on ne dépassera jamais. Malheureusement, madame Dorval n'était plus là pour jouer à ses côtés le rôle de Kitty Bell, où elle avait été prodigieuse. C'était madame Arnould-Plessy, qui lui succédait, et qui ne la remplaçait pas[1].

C'est en sortant de la première représentation de *Chatterton* que M. de Maillé de la Tour-Landry conçut l'idée d'instituer le prix de quinze cents francs, que l'Académie décerne

---

[1]. La seconde fois que *Chatterton* fut repris, en février 1877, cette nouvelle tentative fut accueillie respectueusement, mais froidement, par le public. Le commencement en parut un peu froid, et le grand monologue du poète, la nuit, dans sa mansarde, sembla long, déclamatoire, presque inutile, malgré l'excellente voix et les remarquables qualités de diction et de maintien du jeune artiste chargé du rôle, M. Volny. Le dénoûment seul remua les spectateurs comme aux premiers jours; il est vrai que mademoiselle Émilie Broisat, qui avait rendu avec beaucoup de sensibilité et de dignité la physionomie de Kitty Bell, une des plus pures, des plus aimables figures du répertoire, sut trouver dans sa dernière et terrible scène des accents dramatiques d'une véritable puissance.

En 1877 comme en 1857, les rares spectateurs qui avaient assisté à la représentation du 12 février 1835, eurent de la peine à retrouver le véritable caractère de cette belle œuvre donnée à sa date et entourée de l'atmosphère qui la créa.

tous les ans à un jeune littérateur plus riche d'espérances et de talent que d'argent de poche.

On raconte aussi que, les jours qui suivirent cette représentation, le ministre de l'intérieur reçut lettres sur lettres, où je ne sais combien de Chattertons en herbe lui écrivaient : « Du secours, ou je me tue ! » — « C'est à M. de Vigny qu'il faudrait renvoyer tout cela », disait le ministre en montrant cette masse de demandes. Ajoutons, petite remarque qui n'est pas sans intérêt, que ce ministre de l'intérieur n'était autre que M. Thiers.

Naturellement, comme toutes les pièces en vogue, si *Chatterton* trouva des admirateurs enthousiastes, il rencontra en même temps d'acharnés détracteurs. En pleine Chambre, deux députés, MM. Fulchiron et Charlemagne, le signalèrent comme dangereux et immoral. Quant aux journaux qui se signalèrent par la vivacité de leurs attaques, les plus ardents furent le *Courrier des Théâtres*, dont le rédacteur en chef, Charles Maurice, traita le nouveau drame de *scandale*; les *Débats*, où Jules Janin ne le ménagea guère plus ; et *la Revue des Deux-Mondes*, où Gustave

Planche se montra également d'une excessive sévérité. Cette sévérité causa même une irritation extrême dans le camp des néophytes, et peu s'en fallut qu'un jeune auteur de sonnets ne provoquât en duel le directeur du célèbre et somnifère recueil. Chose assez piquante, c'était précisément sous les auspices d'Alfred de Vigny que Gustave Planche était entré à *la Revue des Deux-Mondes*.

Sainte-Beuve ne fut pas non plus fort tendre pour notre auteur. « Au lieu de peindre la nature humaine en plein, il a décrit une maladie littéraire, un vice littéraire, celui de tant de poètes ambitieux, froissés et plus ou moins impuissants. *Chatterton* est un ouvrage éloquent à entendre, émouvant à voir, mais pointilleux, vaniteux, douloureux ; de la souffrance au lieu de la passion ; cela sent, des pieds jusqu'à la tête, le *rhumatisme littéraire*, la migraine poétique, dont le poète avait déjà décrit les pointillements aux tempes de son *Stello*. »

Si le rôle de Chatterton souleva de très vives attaques, en même temps que des admirations passionnées, en revanche, il n'y eut qu'une voix pour admirer le touchant et émouvant rôle de Kitty Bell. Il est vrai que l'auteur avait eu la chance de rencontrer une merveilleuse interprète de sa pensée dans madame Dorval. Cette fois, chose assurément peu commune, le rôle et l'artiste étaient à la hauteur l'un de l'autre. Le personnage sorti de la cervelle d'Alfred de Vigny était si humain, si dans la nature, et l'admirable actrice le rendait d'une façon si saisissante, que c'était à qui viendrait demander à l'auteur si Kitty Bell avait réellement vécu, ce qu'elle était devenue et si son histoire était réellement arrivée.

On peut donc dire que, le jour de la première représentation de *Chatterton*, Alfred de Vigny eut *sa soirée*, et qu'il put savourer jusqu'à la chute du rideau cette enivrante jouissance de sentir la création de son esprit remuer, pénétrer et conquérir une foule d'élite, choisie parmi ce que la littérature et la société d'alors comptaient de plus remarquable et de plus raffiné.

Ajoutons que cette soirée, dans le sens où nous l'avons prise, n'eut guère de lendemains, et que de Vigny resta sous le coup de ce triomphe unique, comme si, malgré son éclatant succès, « il ne pouvait saisir la foule, comme s'il n'était point de taille à l'enlever, à s'enlacer à elle dans un de ces jeux prolongés, dans une de ces luttes athlétiques où la souplesse s'unit à la force, et où les alternatives journalières se résolvent par de fréquents triomphes ». Peut-être craignait-il, en effet, de se mesurer sur la scène avec de plus hardis, de plus puissants que lui : avec Hugo, dont il n'avait pas la puissance lyrique, et avec Dumas, dont la force impétueuse lui manquait également. Artiste distingué et superfin avant tout, s'enveloppant volontiers de mystères, il répugnait à jouer un rôle extérieur et actif sur la jeunesse poétique.

Mais Gustave Planche va certainement trop loin, malgré l'esprit et la sûreté habituelle de ses jugements, quand il se refuse à concéder à Alfred de Vigny autre chose qu'un talent vraiment personnel, et quand il le renvoie à l'élégie.

Au surplus, le don du théâtre eût-il réellement manqué à l'auteur de *Chatterton*, ce qui est certainement faux au moins sous cette forme absolue, que sa part resterait encore assez belle ; car il fut un de ceux qui « inscrivent leur nom, en langues de feu, parmi les plus hauts, sur la coupole idéale de l'art; et, lui aussi, il a eu le droit de dire à certain jour et de se répéter, à son heure dernière : « J'ai frappé les astres du » front. »[1]

Chatterton rendit le nom d'Alfred de Vigny populaire; mais celui-ci jouissait déjà d'une grande réputation, surtout depuis son roman de *Cinq-Mars*, dont la vogue avait été considérable dans le monde du faubourg Saint-Germain et dans la jeunesse aristocratique principalement.

Voici un petit croquis, de la main de Lamartine, qui nous donne, sous une forme un peu trop pompeuse, le portrait assez exact du poète : « Il avait une belle et douce physionomie. Ses cheveux fins et luisants, des cheveux ruisselants d'inspiration, se rejetaient en arrière pour découvrir un front poli, légèrement teinté de blanc et de carmin, gracieusement déprimé vers les tempes. Il avait des yeux bleu de mer qui dédaignaient de chercher la pensée d'autrui, le nez droit, et ses lèvres, rarement fermées, gar-

---

[1]. Sainte-Beuve.

daient le pli habituel d'un sourire en songe ; son menton solide était de ceux qui appellent le creux de la main pour s'y reposer, menton de rêveur ou de penseur, comme un grand poète le veut. Le visage de M. de Vigny avait cette blancheur rose, cette pureté de teint où transparaît la pureté de l'âme intérieure. Le timbre de sa voix était *égal et grave*. Sa taille était médiocre, mais bien prise. »

Un homme qui l'a bien connu également, mais avec qui malheureusement il faut toujours faire ses réserves, Alexandre Dumas, a écrit sur Alfred de Vigny des pages bien amusantes, où il y a certainement une bonne part de vérité, mêlée à beaucoup de fantaisie et surtout à beaucoup d'exagération. « Vigny, dit-il, était un singulier homme, poli, affable, doux dans ses relations, mais affectant l'immatérialité la plus complète ; cette immatérialité allait, du reste, parfaitement à son charmant visage aux traits fins et spirituels, encadrés dans de longs cheveux bouclés, comme celui d'un de ces chérubins dont il semblait le frère. Vigny ne touchait jamais à la terre que par nécessité ; quand il reployait ses ailes, et qu'il se posait, par hasard, sur la cime d'une montagne, c'était une concession qu'il faisait à l'humanité, et parce que, au bout du compte, cela lui était plus commode pour les courts entretiens qu'il avait avec nous. Ce qui nous émerveillait surtout, Hugo et moi, c'est que Vigny ne paraissait pas soumis le moins du monde à ces grossiers besoins de notre nature, que quelques-uns d'entre nous — et Hugo et moi étions du nombre de ceux-là — satisfaisaient, non seulement sans honte, mais encore avec une certaine sensualité. Personne de nous n'avait jamais surpris Vigny à table. Dorval, qui, pendant sept ans de sa vie, avait passé chaque jour plusieurs heures près de lui, nous avouait, avec un étonnement qui tenait presque de la terreur, qu'elle ne lui avait vu manger qu'un radis ! Proserpine, qui cependant était déesse, n'avait pas, elle, cette sobriété ; enlevée par Pluton, entraînée en enfer, elle avait, dès le premier jour et malgré la préoccupation que devait lui donner naturellement le séjour peu récréatif où elle avait été conduite, mangé sept grains de grenade ! Tout cela n'empêchait point Alfred de Vigny d'être un agréable confrère, gentilhomme jusqu'au bout des ongles, très capable de vous rendre un service, très incapable de vous jouer un mauvais tour. »

Citons encore, pour compléter la physionomie de l'auteur de *Chatterton*, quelques lignes empruntées au grand portraitiste des figures littéraires de ce temps, à Sainte-Beuve. « J'ai rencontré une fois N... depuis votre départ; j'ai bien reconnu cette conversation que vous m'indiquiez, toute fine et pointillée; tout parle en lui quand il vous décrit quelque objet : son geste, son ongle élégant, sa paupière soyeuse qui se plisse, sa lèvre discrète qui sourit en s'amincissant. Chaque mot est un trait qui s'ajoute au précédent, et cela ne cesse pas jusqu'à ce qu'il ait fini. Ainsi de ses œuvres. Ce sont, vous le dites bien, des miniatures, — des miniatures par un grand peintre, et qui pourtant ne fera peut-être jamais que des miniatures. D'où vient cela? Comment ce qui, en lui, est orage et spectacle grandiose va-t-il ainsi s'adoucissant, s'estompant, se glaçant à l'extérieur? Pourquoi l'éclair lui-même a-t-il un vernis?... »

L'éminent critique avouait du reste volontiers qu'il n'avait jamais complètement pénétré de Vigny. « C'était, disait-il, une nature des plus compliquées dans sa finesse et qui, par ses qualités et ses défauts, ses supériorités et ses ridicules, fait encore problème pour moi aujourd'hui. » Et ailleurs encore : « Dès *Chatterton* et depuis, il ne me parut plus le même que ce poète que nous avions connu dans les dernières années de la Restauration, homme du monde, aimable, élevé, solitaire, vivant en dehors des petites passions du jour, et s'envolant à certaines heures dans sa voie lactée : le militaire et le gentilhomme avaient fait place à l'homme de lettres solennel, qui se croyait investi à demeure d'un ministère sacré; il avait en lui, je le répète, du pontife. Son esprit, comme sa parole, avait acquis je ne sais quoi de lent, de tenace et de compassé, et aussi une sorte d'aigreur ironique qui me faisait dire que *son albâtre était chagriné.* »

Naturellement, avec l'âge, ce goût pour le mystère ne fit qu'augmenter : « Il s'enveloppa de plus en plus, se fit de plus en plus rare de communications et d'œuvres, et se retrancha, en vieillissant, dans son inviolabilité d'ange et de poète ; il y semblait véritablement confit. »

Hâtons-nous d'ajouter que, lorsque le poète consentait à sortir de son nuage, il devenait le plus aimable des hommes et le plus intéressant des causeurs. « Si on l'écoutait, si on consentait à ne rien perdre de ses paroles, si l'on perçait par delà cette couche première et comme ce premier enduit d'un amour-propre à la fois satisfait et souffrant, on retrouvait l'amabilité, la distinction poétique infinie, les images, les comparaisons ingénieuses et méditées. Quelqu'un a dit : « Il faut écrire comme on parle, et ne pas » trop parler comme on écrit. » M. de Vigny ne suivait pas le précepte; il conversait comme il écrivait; il pointillait chaque mot; il laissait peu pénétrer d'idées étrangères dans le tissu serré et le fin réseau de sa métaphore et de son raisonnement. Mais ce qui est certain, c'est que, dans le tête-à-tête, il dévidait devant vous de fort jolies choses, des choses pensées et perlées, lorsqu'on lui laissait le temps de les dire et qu'on avait la patience de les entendre. »

Ses amis ont cherché à expliquer par des raisons tirées des tristesses de sa vie intime le silence et la retraite mystérieuse, où il se plaisait à se renfermer. « Je lutte en vain contre la fatalité, disait-il à l'un d'eux; j'ai été garde-malade de ma pauvre mère, je l'ai été de ma femme pendant trente ans, je le suis maintenant de moi-même. »

C'est en quittant le service militaire qu'il avait épousé la fille d'un Anglais trois fois millionnaire, miss Lydia Bunbury, avec qui il s'était rencontré dans le Midi. Ce mariage ne paraît pas s'être conclu avec l'agrément du beau-père, ou bien celui-ci était un fier original; car on assure qu'il avait peine, parfois, à se rappeler le nom de son gendre.

Invité un jour à dîner chez l'ambassadeur de France, à Florence, il dit à Lamartine, alors attaché comme premier secrétaire à l'ambassade, qu'il avait une fille mariée à l'un des premiers poètes de France.

Lamartine lui demanda le nom de celui-ci.

— Ma foi, dit l'Anglais, je ne m'en souviens pas.

Lamartine énuméra alors les noms des poètes en réputation qui lui vinrent à l'esprit, mais à chacun l'Anglais disait :

— Ce n'est pas ça !

Enfin Lamartine ayant nommé le comte Alfred de Vigny, notre original répondit :

— Oui, je crois que c'est ça !

Ceci n'est que drôle ; ce qui l'est moins, c'est que, lorsqu'il mourut, en 1838, ce bizarre personnage déshérita complètement sa fille et son gendre.

Et de Vigny n'était point riche ! Bien qu'il descendît d'une famille opulente, son père ne lui avait laissé qu'une médiocre aisance. Lui-même l'avouait, non sans amertume. « Il n'y a dans le monde, dit-il quelque part, que deux sortes d'hommes : ceux qui ont et ceux qui gagnent. Pour moi, né dans la première de ces deux classes, il m'a fallu vivre comme la seconde, et le sentiment de cette destinée qui ne devait pas être la mienne me révoltait toujours intérieurement. » Ce qui ne l'empêcha pas, du reste, de vivre toute sa vie honorablement et noblement sans rien demander, sans rien accepter de personne. Il poussa même le désintéressement jusqu'à refuser, en 1845, une pairie, et une pairie pensionnée qu'on lui fit offrir sous main, en échange de quoi on ne lui demandait que de se montrer *aimable* avec la famille royale.

Assurément, un pareil caractère est éminemment respectable. Maintenant n'est-il pas permis de croire que la situation de fortune plus que modeste, où le poète se confina volontairement, n'en fut pas moins pour quelque chose dans cette armure de raideur hautaine et mystérieuse qui l'emprisonna toute sa vie?

Alfred de Vigny mourut à Paris, le 17 septembre 1863, après une longue et douloureuse maladie d'entrailles qui l'avait tenu cloué, deux ans durant, sur son fauteuil. Il n'avait que soixante-six ans.

Chatterton est certainement ce qui restera de de Vigny, au théâtre du moins. C'est *Chatterton* qui le classa parmi nos poètes dramatiques, et qui rendit son nom populaire en France et à l'étranger.

Chatterton eut encore sur la vie du poète une influence d'un ordre tout autre.

Nous avons vu qu'il avait eu le bonheur de rencontrer pour interprète de sa pensée une Kitty Bell idéale, « digne du pinceau de Westall ». Aussi voua-t-il une reconnaissance enthousiaste et attendrie à madame Dorval, qu'il s'obstina longtemps à voir sous la figure idéale de son héroïne. « Tous les échos en ont parlé, tous les témoins en ont souri ; il ne s'est réveillé que tard de son rêve, et pour maudire Dalila. »

Mais ici il n'est pas besoin d'aller chercher dans les *Nouveaux lundis* de Sainte-Beuve, ni dans les *Mémoires* d'Alexandre Dumas, des indiscrétions sur cette liaison de l'auteur de *Chatterton* avec sa Kitty Bell. Il s'est chargé lui-même de trahir sa passion dans ses œuvres, de façon à ne rien laisser à deviner à ses lecteurs.

Il suffit de feuilleter avec soin le *Journal d'un poète*, pieusement recueilli et publié par son fidèle admirateur et disciple, Louis Ratisbonne, pour reconstituer pierre à pierre tout l'édifice de ce drame humain à la fois et fantastique, qu'on pourrait intituler *Samson et Dalila ou les Amours d'un poète et d'une comédienne*.

C'est d'abord l'aurore de la passion, les premiers enthousiasmes de l'amant heureux :

« Comment ne pas éprouver le besoin d'aimer ? Qui n'a pas senti manquer la terre sous ses pieds, sitôt que l'amour semble menacer de se rompre ? »

Et ailleurs :

« Aimer, inventer, admirer, voilà ma vie ! »

Et cette page délicieuse, où l'on voit clairement l'admiration du poète pour son interprète, se mêler et se confondre avec un sentiment plus tendre pour la femme :

« Une actrice vraiment inspirée est charmante à voir à sa toilette avant d'entrer en scène. Elle parle avec une exaltation ravissante de tout ; elle se monte la tête sur de petites choses, crie, gémit, rit, soupire, se fâche, caresse en une minute ; elle se dit malade, souffrante, gênée, bien portante, faible, forte, gaie, mélancolique, en colère ; et elle n'est rien de tout cela ; elle est impatiente comme un petit cheval de course qui attend qu'on lève la barrière, elle piaffe à sa manière, elle se regarde dans la glace, met son rouge, l'ôte ensuite ; elle essaye sa physionomie et l'aiguise ; elle essaye sa voix en parlant haut ; elle essaye son âme en passant par tous les tons et par tous les sentiments. Elle s'étourdit de l'art et de la scène par avance, elle s'enivre. »

Puis ce sont des vers qu'il écrit sur un exemplaire du *More de Venise*, avant de l'envoyer à la bien-aimée :

Quel fut jadis Shakspeare? On ne répondra pas.
Ce livre est à mes yeux l'ombre d'un de ses pas,
Rien de plus. — Je le fis, en cherchant, sur sa trace,
Quel fantôme il suivait de ceux que l'homme embrasse :
Gloire, — fortune, — amour, — pouvoir ou volupté.
Rien ne trahit son cœur, hormis une beauté
Qui toujours passe en pleurs parmi d'autres figures.
Comme un pâle rayon dans les forêts obscures,
Triste, simple et terrible, ainsi que vous passez,
Le dédain sur la bouche et ses grands yeux baissés.

Quoi de plus transparent encore, comme signification, que la pièce suivante, demeurée à l'état d'ébauche?

SYLVIA

« Le chevalier de Malte l'aimait peu. Elle lui avait d'abord déplu. — Il se disait : « C'est une coquette ! » tant qu'elle ne se donna pas. Il la foulait aux pieds.

Frère hospitalier ; — pieux rêveur. Méprisant le plaisir et la mort, ne craignant ni le plaisir ni la misère. Prêtre militaire.

Tout à coup il la possède. Il s'attache à elle et entre dans sa vie.

La vie du théâtre. — Les tortures de ce jeune gentilhomme.

L'amour des périls de cette femme. — *L'amour de son malheur*, de *ses humiliations* et de *ses fautes* même.

La candeur de l'actrice. — Désespoir attachant, gaieté enivrante, folie d'enfant, pleurs d'enfant.

Il voudrait n'être qu'un aussi pour elle et se séparer de l'amour pour que l'infidélité, quand elle viendra, ne le force pas à l'abandonner.

« Ma Sapho. »

Mais voici que de légers nuages paraissent à l'horizon.

« Je ne sais pas si l'apprêt qu'il exige n'est pas un des germes de mort de l'amour. Cette nécessité d'être toujours sous les armes finit par fatiguer l'un et l'autre amoureux. »

Les nuages commencent à s'épaissir, l'orage n'est pas loin.

« On ne peut répandre son âme dans une autre âme que jusqu'à une certaine hauteur. Là, elle vous repousse et vous rejette au dehors, écrasée de cette influence souveraine et trop pesante. »

Et encore :

« Quand on se sent pris d'amour pour une femme, avant de s'engager on devrait se dire : « Comment est-elle entourée ? Quelle est sa » vie ? » Tout le bonheur de la vie est appuyé là-dessus. »

Vient enfin la catastrophe. Les yeux de l'amant se dessillent. Son rêve enchanteur s'évanouit. Blessé dans son amour et dans sa dignité, il se retire, le cœur brisé.

« L'amour physique, et seulement physique, pardonne toute infidélité. L'amant sait, ou croit, qu'il ne retrouvera nulle volupté pareille ailleurs, et, tout en gémissant, s'en repaît.

» Mais toi, amour de l'âme, amour passionné, tu ne veux rien pardonner. »

Puis, le désespoir se change en colère. Le malheureux ne se plaint plus, il maudit; il ne pleure plus, il veut se venger.

« O femme méchante! Ton esprit est pareil à ce Milon. Sans pitié, il déchirait le chêne pour se jouer, mais cet arbre sait bien qu'on l'appelle le chêne — et qu'il est le plus grand des arbres de nos bois. — Il sait cela et il s'est vengé. — A présent, les animaux vils vont te manger. »

Enfin le poète prend sa plume et, soulageant son cœur gonflé de fiel, écrit *la Colère de Samson*, ce poème tout plein d'une amertume superbe, dont Sainte-Beuve a dit: « Ce *Samson* est une belle chose; il y a la griffe! » Et encore:

« Si j'avais à nommer les trois plus beaux et parfaits poèmes de M. de Vigny, je dirais : *Eloa, Moïse* et *la Colère de Samson*. »

La Colère de Samson, c'est, sous un masque grandiose, hébraïque, impersonnel, l'histoire de la trahison de la femme aimée par le poète.

Samson est assis sous sa tente, au désert, et Dalila, la tête appuyée sur les genoux de l'homme puissant, repose avec nonchalance.

Samson sait tout, il sait la ruse de la femme, ses perfides confidences, ses intelligences avec l'ennemi, et que la femme est et sera toujours Dalila. Il sait que cette créature aimée qui dort sur ses genoux s'est cruellement jouée de lui, qu'elle s'est vantée, entre autres choses, de tout lui inspirer sans rien ressentir :

A sa plus belle amie elle en a fait l'aveu :
Elle se fait aimer sans aimer elle-même.
Un maître lui fait peur, c'est le plaisir qu'elle aime ;
L'homme est rude et le prend sans savoir le donner.
Un sacrifice illustre et fait pour étonner,
Rehausse mieux que l'or, aux yeux de ses pareilles,
La beauté qui produit tant d'étranges merveilles.

En d'autres termes, Dalila était fière de Samson ; il lui faisait honneur dans le monde, il la décorait et la rehaussait en public ; mais elle ne l'aimait pas, il ne l'amusait pas ; elle mettait ses goûts moins haut.

Trois fois déjà, il avait su sa trahison ; trois fois il l'avait vue en pleurs et lui avait pardonné. Que voulez-vous ! le plus fort, à ce jeu, est aussi le plus faible.

L'homme a toujours besoin de caresse et d'amour...
Quand ses yeux sont en pleurs, il lui faut un baiser...

Mais, cette fois, il est à bout, non de pardon, mais de courage ; il a la nausée de tout, il donnerait sa vie pour rien ; il ne daigne plus la préserver ni la défendre. Il s'abandonne, de guerre lasse, à sa destinée, et Dalila le livre. Mais, si sa carrière de défenseur et d'athlète d'Israël est perdue, si ses yeux sont à jamais éteints, les cheveux ont repoussé à Samson, et, avec eux, ses forces ; il renverse un jour le temple de Dagon, écrase d'un seul coup ses trois mille ennemis, et il meurt vengé.

Qu'était-ce donc que cette Dalila, contre laquelle le poète avait su trouver d'aussi magnifiques malédictions ?

Au jugement de George Sand, dont personne, à coup sûr, ne contestera l'autorité en pareille matière, c'était une des plus grandes artistes et une des meilleures femmes de ce siècle. « Elle a été, dit son illustre amie, méconnue, calomniée, raillée, diffamée, abandonnée, par plusieurs qui eussent dû la défendre, par quelques-uns qui eussent dû la bénir. »

Ses commencements avaient été des plus pénibles. Née à Lorient, le 6 janvier 1798, Amélie-Thomase Delaunay avait passé par toutes les vicissitudes de la vie nomade. Elle avait fait partie de ces fantastiques troupes ambulantes, dont le directeur proposait une partie de dominos sur le théâtre à l'amateur le plus fort de la société pour égayer l'entr'acte. Elle avait chanté le rôle de *Joseph,* grimpée sur une échelle et couverte d'un parapluie pour quatre, la coulisse du théâtre (c'était une ancienne église) étant tombée en ruine, et les choristes étant obligés de se tenir là, sûr une brèche masquée de toiles, par une pluie battante; elle-même racontait qu'à certain moment le chœur avait été interrompu par l'exclamation d'un des coryphées criant à celui qui était sur l'échelon au-dessus de lui : « Animal, tu me crèves l'œil avec ton parapluie! A bas le parapluie! » A quatorze ans, elle jouait Fanchette dans *le Mariage de Figaro,*

et je ne sais plus quel rôle dans une autre
pièce. Or, elle ne possédait au monde qu'une
robe, une petite robe blanche, qui servait pour
les deux rôles. Seulement, pour donner à Fanchette *une tournure espagnole*, elle cousait une
bande de calicot rouge au bas de sa jupe et la
décousait vite après la pièce, pour avoir l'air de
mettre un autre costume quand les deux pièces
étaient jouées le même soir. Dans le jour, vêtue
d'un étroit fourreau d'enfant en tricot de laine,
elle lavait et repassait sa précieuse robe blanche [1].

Un jour qu'elle était ainsi vêtue et ainsi occupée, un vieux richard de province vint lui
offrir son cœur et ses écus. Elle lui jeta son
fer à repasser au visage, et alla conter cette
insulte à un petit garçon de quinze ans qu'elle
regardait comme son amoureux et qui voulut
tuer le séducteur.

Mariée fort jeune à un acteur sans grand talent, nommé Allan-Dorval, elle chantait l'opéra-comique à Nancy, lorsqu'un jour sa petite fille

[1]. « Eh bien, disait philosophiquement madame Dorval
(à un dîner chez Merle), nous étions plus heureux qu'aujourd'hui. » Elle gagne 18,000 francs par an. (Charles
Maurice, 4 mai 1844.)

eut la cuisse cassée dans la coulisse par la chute d'un décor. Jusqu'à la fin de la soirée, il lui fallut courir de son enfant à la scène et de la scène à son enfant, sans interrompre la représentation.

Malgré le courage le plus infatigable, elle avait bien de la peine à subvenir aux besoins de sa petite famille, qui s'était accrue de deux autres enfants, et à ceux de sa vieille mère devenue infirme. Aussi se décida-t-elle à venir à Paris tenter la fortune. La fortune, pour elle, c'était l'ambition d'échapper à la misère; mais, comme elle avait en horreur toute autre ressource que celle du travail, elle végéta plusieurs années dans la fatigue et les privations. Le premier rôle où l'on commença à remarquer ses éminentes qualités dramatiques, ce fut celui de Thérèse la Meunière dans *les Deux Forçats*, mélodrame de Boirie, Carmouche et Poujol, qui eut un succès de vogue. « Elle y déploya, dit un journal du temps, des trésors de finesse joyeuse, et joua le rôle en comédienne qui a de l'ironie et du trait dans chaque pli de son éventail. »

Dès lors, ses succès furent brillants et rapides.

Après la touchante et radieuse création d'Amélie de Germigny, la femme du joueur (dans *Trente ans ou la Vie d'un joueur*), où elle se montra la digne compagne de Frédérick-Lemaître, elle joua Adèle d'Hervey dans *Antony*, qui consacra sa réputation et fit d'elle désormais la personnification de la passion réelle, intime et familière, la vraie femme du drame contemporain, de la vie sociale moderne.

Après *Antony*, elle créa un type à part dans le rôle de *Jeanne Vaubernier* (madame Du Barry). « Il faut l'avoir vue dans ce rôle, dit George Sand, où, exquise de grâce et de charme dans la trivialité, elle résolut une difficulté qui semblait insurmontable. »

Puis vinrent, pour ne parler que de ses principaux rôles, *Marion Delorme*, *Hernani*, où elle joua doña Sol ; *Angelo*, où elle joua d'abord Catarina, puis Tisbé, et enfin *Chatterton*, où elle fut réellement magnifique.

Elle eut des cris à électriser la salle entière, « de ces cris, disait un spectateur de la première représentation, qui vous faisaient passer le frisson sous les ongles et vous remuaient jusqu'aux dernières fibres du cœur ».

Et, en même temps, quelle grâce pudique et chaste elle déploya dans ce délicieux rôle de Kitty Bell ! Comme le disait Alfred de Vigny lui-même, Kitty Bell rappelle les vierges maternelles de Raphaël : sans effort, elle est posée comme elles ; comme elles aussi, elle porte, elle emmène, elle assied ses enfants, qui ne semblent jamais pouvoir être séparés de leur mère. Ici, sa voix est tendre jusque dans la douleur et le désespoir ; sa parole lente et mélancolique est celle de l'abandon et de la pitié ; ses gestes sont ceux de la religion bienfaisante ; ses regards ne cessent de demander grâce au ciel pour l'infortune ; ses mains sont toujours prêtes à se croiser pour la prière ; on sent que les élans de son cœur, contenus par le devoir, lui vont être mortels aussitôt que l'amour et la terreur l'auront vaincue. Rien n'est innocent et doux comme ses ruses et ses coquetteries naïves pour obtenir que le quaker lui parle de Chatterton.. Elle est bonne et modeste jusqu'à ce qu'elle soit surprenante d'énergie, de tragique grandeur et d'inspirations imprévues, quand l'effroi fait enfin sortir au dehors tout le cœur d'une femme et d'une amante.

« Je la vois encore, dit Henri Monnier dans ses *Mémoires de Joseph Prudhomme*, je vois l'étonnement de la salle entière du Théâtre-Français lorsque, s'avançant sur la scène dans son modeste habit de quakeresse, tenant ses deux enfants par la main, elle parut aussi jeune, pour ainsi dire, aussi pure, aussi chaste qu'eux. Qui aurait reconnu dans cette touchante Kitty Bell l'ardente et fiévreuse Adèle d'*Antony*? La femme qui a pu créer ces deux rôles reste et restera toujours comme la plus forte et la plus complète comédienne de son temps. »

« Le rôle de Kitty Bell, a dit de son côté Théophile Gautier, qui, relativement, se montra un peu froid pour la pièce, fut un des triomphes de madame Dorval; jamais peut-être cette admirable actrice ne s'éleva si haut. Quelle grâce anglaise et timide elle y mettait! Comme elle ménageait maternellement les deux babies, purs intermédiaires d'un amour inavoué! Quelle douce charité féminine elle déployait envers ce grand enfant de génie mutiné contre le sort! De quelle main légère elle tâchait de panser les plaies de cet orgueil souffrant! Quelles vibrations du cœur, quelles caresses de l'âme dans les lentes et rudes paroles qu'elle lui adressait les yeux baissés, les mains sur la tête de ses deux chers petits, comme pour prendre des forces contre elle-même ! Et quel cri déchirant à la fin, quel oubli, quel abandon, lorsqu'elle roulait, foudroyée de douleur, au bas de ces marches montées par élans convulsifs, par saccades folles, presque à genoux, les pieds pris dans sa robe, les bras tendus, l'âme projetée hors du corps qui ne pouvait la suivre ! » *(Moniteur.)*

On assure que jamais Rachel, lorsqu'on jouait *Chatterton*, ne manquait une représentation. On la voyait, seule dans une loge, appuyée, la tête entre ses mains, sur le dossier d'un fauteuil, étudiant les gestes, les regards, les inflexions de Marie Dorval, et ne comprenant pas comment la physionomie, la voix, l'attitude étaient, chez l'admirable actrice, une expressive et perpétuelle traduction du sentiment et de la pensée. A son retour de New-York, elle avait l'intention d'étudier Desdemona et Kitty Bell; mais, pour ce rôle, le souvenir de Dorval l'épouvantait. « Croyez-vous qu'on se souvienne encore de son jeu ? » demandait-elle avec inquiétude.

Je me rappelle parfaitement, pourtant, que lorsqu'on était allé chercher Marie Dorval à la Porte-Saint-Martin pour lui faire jouer *Chatterton,* cette hardiesse n'avait pas laissé de soulever de vives critiques, surtout de la part des artistes du Théâtre-Français, critiques qui se manifestèrent, au cours des représentations, par une sourde hostilité contre l'intruse. Mais Dorval ne se laissa ébranler par rien, ni par les inquiétudes de ses amis, ni par la malveillance plus ou moins déguisée de ses camarades. Le jour de la représentation, elle ne vit personne. Elle se rendit de bonne heure au théâtre et s'enferma dans sa loge. Elle n'en sortit que pour entrer en scène.

Elle y fut la femme que le poète avait rêvée : « Mélancolique, gracieuse, élégante par nature, réservée, religieuse, timide dans ses manières, tremblant devant son mari, — expansive et abandonnée seulement dans son amour maternel... Sa pitié pour *Chatterton* va devenir de l'amour ; elle le comprend, elle en frémit... » Elle doit en mourir !

Madame Dorval exprima ces nuances diverses de caractère et de sentiment avec tant d'âme, de chasteté, de sobriété et en même temps de passion fatale, que le public se sentit subjugué, vaincu dès les premières scènes. Bientôt il ne resta plus d'opposants ; il n'y eut que des enthousiastes.

Arrivons, sans transition, au dénouement, à la « scène de l'escalier ». Chatterton a déclaré à Kitty Bell qu'il l'aimait.

« — Ah ! monsieur, si vous me le dites, c'est que vous voulez mourir ! » s'écrie la pauvre femme, et elle cherche à le détourner de son funeste dessein.

KITTY BELL

Et moi ! je vous prie pour moi-même. Cela me tuera.

CHATTERTON

Je vous ai avertie ! il n'est plus temps.

KITTY BELL

Et si je vous aime, moi !

CHATTERTON

Je l'ai vu, et c'est pour cela que j'ai bien fait de mourir c'est pour cela que Dieu peut me pardonner.

KITTY BELL

Qu'avez-vous donc fait ?

CHATTERTON

Il n'est plus temps, Kitty ; c'est un mort qui vous parle.

KITTY BELL, à genoux, les mains au ciel.

Puissance du ciel ! grâce pour lui !

CHATTERTON

Allez-vous-en... Adieu !

KITTY BELL, tombant.

Je ne le puis plus....

CHATTERTON

Eh bien donc, prie pour moi sur la terre et dans le ciel. (Il la baise au front et remonte l'escalier en chancelant; il ouvre sa porte et tombe dans sa chambre.)

KITTY BELL.

Ah! grand Dieu! (Elle trouve la fiole.) Qu'est-ce que cela? — Mon Dieu! pardonnez-lui.

LE QUAKER, accourant.

Vous êtes perdue.... Que faites-vous ici?

KITTY BELL, renversée sur les marches de l'escalier.

Montez vite! montez, monsieur; il va mourir! Sauvez-le.. s'il est temps!

LE QUAKER, en montant à grands pas.

Reste, reste, mon enfant; ne me suis pas.

Mais Kitty Bell n'écoute rien; pendant que le quaker entre chez Chatterton et s'enferme avec lui, elle monte, à demi évanouie, en s'accrochant à la rampe de chaque marche; elle fait effort pour tirer à elle la porte, qui résiste et s'ouvre enfin. On voit Chatterton mourant et tombé sur le bras du quaker.

Alors... Non, jamais cri plus déchirant que celui de madame Dorval n'est sorti d'une poitrine humaine! Kitty Bell tourne du côté du public son visage empreint de terreur et de douleur.... Elle recule, le dos à la rampe. Cet obstacle l'arrête et semble lui imprimer un choc qui la plie en deux; la tête et une partie du corps se renversent dans le vide, les reins se maintiennent sur la rampe, les jambes sont pendantes du côté des marches. Aucune contraction musculaire ne retenant plus ce pauvre être inerte, il glisse rapidement, il parvient au bas de l'escalier, et là tombe comme un oiseau blessé [1].

Jamais effet de théâtre ne fut plus saisissant et mieux réussi que celui-là ! La salle resta quelque temps comme suffoquée par l'émotion ; puis un tonnerre d'applaudissements succéda à ce triomphant silence d'un instant.

Le rideau baissé, l'admirable artiste fut rappelée avec frénésie. Mais, au grand étonnement de la salle entière, madame Dorval ne reparaissait pas. C'est qu'il se passait dans la coulisse une petite scène intime, dont le public ne pouvait se douter. Soit qu'ils fussent eux-mêmes paralysés par l'émotion, soit qu'un autre sentiment moins noble les arrêtât, ni Geffroy (Chatterton), ni Joanny (le quaker), ni Duparay (qui

---

[1]. Cette exploitation d'un accident matériel de terrain, qui ramenait l'art à un effet de trivialité sublime, ne fut pas sans soulever nombre de scrupules et de colères ; une partie de la presse en fit une affaire d'État. Que d'escaliers nous avons vus depuis !

jouait lord Beckford) ne pensait à offrir sa main à madame Dorval pour l'amener sur la scène. Trop enivrée elle-même pour se plaindre, pour récriminer, elle se tait d'abord, puis une inspiration de génie la saisit tout d'un coup; apercevant ses deux petits enfants, craintifs et heureux à la fois, au milieu de tout ce bruit, elle court à eux, les embrasse ardemment, les prend par les mains, et, ainsi escortée, elle entre en scène.

En voyant ces petits enfants et cette vaillante femme qui, par un mouvement du cœur, associait la tendresse de la mère à la gloire de l'artiste, il y eut dans la salle un véritable délire! On trépignait et on pleurait!...

A la suite de cette scène, il s'en passa une autre non moins émouvante derrière le rideau. Comme madame Dorval regagnait sa loge pour se déshabiller, elle trouva une foule nombreuse réunie devant sa porte. Joanny était en tête. Il s'avança au-devant de madame Dorval. Un tremblement agitait tout son corps, des larmes roulaient dans ses yeux.

— Madame Dorval, dit-il d'une voix à peine intelligible, je vous avais méconnue. Je vous demande pardon.... Tout à l'heure, j'étais tellement troublé que je n'ai songé à rien, si ce n'est à vous attendre ici... Oui, vous êtes une grande artiste! encore une fois je vous demande...

Madame Dorval ne le laissa pas achever; elle lui mit la main sur la bouche et se jeta dans ses bras.

Ce rôle de Kitty Bell, on peut le dire, restera comme la personnification la plus expressive du talent de madame Dorval, comme il marqua l'apogée de sa réputation.

Frédéric Soulié dans *les Débats,* Théophile Gautier dans *la Presse,* Émile Deschanel dans *la Vie des Comédiens,* George Sand et bien d'autres encore ont exalté la prodigieuse variété de ce talent, de ce génie « alternativement le plus échevelé et le plus contenu, le plus débraillé et le plus chaste, le plus familier et le plus poétique, le plus trivial et le plus suave que l'on pût entendre et voir. Quelle nature ardente et généreuse ! Quelle richesse de passion ! Comme elle se prodiguait dans chaque rôle ! Comme elle n'économisait rien ! Comme elle brûlait tout de sa flamme ! Comme d'une pièce quelconque elle faisait jaillir la vie ! » (Deschanel.)

« Madame Dorval, disait Soulié, ce n'est pas le débit net, précis et bien cadencé d'un organe posé qui mesure exactement son haleine au mètre du vers; c'est la voix fébrile et haletante d'où s'échappent parfois des cris d'une vérité effrayante. Ce n'est pas la tenue rigide et épinglée de la passion en habit de cour et en représentation; c'est l'abandon et la fougue du drame qui pénètre jusque dans les secrets du boudoir et de l'alcôve. Pour m'expliquer mieux enfin, par la comparaison de deux grands talents, je dois dire qu'il me semble que mademoiselle Mars montre aux femmes comment il faudrait qu'elles fussent dans leurs mouvements les plus emportés, et que madame Dorval leur fait voir souvent comment elles sont. »

Théophile Gautier, de son côté, n'était pas moins enthousiaste. « Le talent de madame Dorval, écrivait-il, était tout passionné; non qu'elle négligeât l'art, mais l'art lui venait de l'inspiration; elle ne calculait pas son jeu geste par geste, et ne dessinait pas ses entrées et ses sorties avec de la craie sur le plancher, elle se mettait dans la situation du personnage, elle l'épousait complètement, elle devenait lui et agissait comme il aurait agi; de la phrase la plus simple, d'une interjection, d'un *oh !* d'un *mon Dieu !* elle faisait jaillir des effets électriques, inattendus, que l'auteur n'avait pas même soupçonnés. Elle avait des accents de nature, des cris de l'âme, qui bouleversaient la salle. La première phrase venue :« Comment faire ?» ou bien : « Je suis bien malheureuse ! » ou encore : « Mais je suis perdue, moi ! » lui fournissait l'occasion d'effets prodigieux. Il ne lui en fallait même pas tant : à la manière dont elle dénouait les brides de son chapeau, et le jetait sur un fauteuil, on frissonnait comme à la scène la plus terrible. Quelle vérité dans ses gestes, dans ses poses, dans ses regards, lorsque, défaillante, elle s'appuyait contre quelque meuble, se tordait les bras et levait au ciel ses yeux d'un bleu pâle tout noyés de larmes ! Et comme, dans cet amour éperdu, à travers cet enivrement coupable, elle restait honnête femme et dame ! »

Madame Dorval ne devait rien à la tradition. Son talent était essentiellement moderne, et c'est là sa plus grande qualité; elle a vécu dans son temps avec les idées, les passions, les amours, les erreurs et les défauts de son temps ; dramatique et non tragique, elle a suivi la fortune des novateurs et s'en est bien trouvée. Elle a été femme où d'autres se seraient contentées d'être actrices ; jamais rien de si vivant, de si vrai, de si pareil aux spectatrices de la salle ne s'était montré au théâtre ; il semblait qu'on regardât non sur une scène, mais par un trou, dans une chambre fermée, une femme qui se serait crue seule.

D'après George Sand, ce fut madame Dorval qui créa la femme du drame nouveau, l'héroïne romantique au théâtre, et, si elle dut sa gloire aux maîtres dans cet art, ils lui durent, eux aussi, la conquête d'un public qui voulait en voir, et qui en vit, la personnification dans trois grands artistes, Frédérick Lemaître, madame Dorval et Bocage.

Théophile Gautier a fait, lui aussi, ce rapprochement tout indiqué entre madame Dorval et Frédérick Lemaître. Ils formaient tous les deux un couple théâtral parfaitement assorti. Madame Dorval, c'était la vraie femme de Frédérick, comme Frédérick était le vrai mari de madame Dorval, sur la scène bien entendu. Ces deux talents se complétaient l'un par l'autre et se grandissaient en se rapprochant. Frédérick était l'homme qu'il fallait pour faire pleurer cette femme ; mais comme elle savait l'attendrir quand sa fureur était passée! Quels accents elle lui arrachait! Qui ne les a pas vus ensemble, dans *le Joueur*, par exemple, ou dans *Peblo ou le Jardinier de Valence*, n'a rien vu ; il ne connaît ni tout Frédérick, ni toute madame Dorval.

Une des plus remarquables qualités de cette admirable artiste, c'était, avec cela, la conscience parfaite qu'elle apportait jusque dans les moindres détails de chacun de ses rôles ; nous en avons déjà vu une preuve bien frappante dans la fameuse scène de *Chatterton*. Voici une anecdote peu connue qui montre que, cette conscience extraordinaire, elle l'avait bien avant d'être en possession de sa grande renommée.

Un jour, au petit foyer de la Comédie-Française, on causait de la fin de Chatterton, et des différents genres de mort au théâtre. Madame Dorval raconta que, dans sa jeunesse, on lui avait fait jouer au théâtre de la Porte Saint-Martin, une pièce, *la Fille du musicien*, dans laquelle elle s'asphyxiait en scène. Cette mort la préoccupait beaucoup, car elle ignorait comment l'on mourait par asphyxie, quels étaient les premiers symptômes, quelles crises se développaient alors et comment la mort envahissait le patient. Pour s'éclairer sur ces différents points, madame Dorval ne trouva rien de mieux que d'allumer dans sa chambre un réchaud de charbon, en ayant soin de se tenir près d'une fenêtre afin de faire jouer l'espagnolette quand elle sentirait ses forces l'abandonner. Le réchaud allumé, elle se mit à répéter son rôle avec enthousiasme.

— C'est bien cela, disait-elle, oui. Oh! quel succès! comme c'est nature!

En effet, c'était si nature que bientôt elle tombait sur le parquet, sans avoir la force de faire jouer l'espagnolette. Heureusement pour elle, la cloison joignait mal, et ses voisins, ayant senti l'odeur du gaz carbonique, accoururent et sauvèrent la vie de la trop consciencieuse artiste. Il fallut seulement retarder de deux jours la première représentation du mélodrame, qui eut un immense succès.

Je m'aperçois que je n'ai pas encore parlé

des qualités physiques de madame Dorval. Son portrait, dans le rôle d'*Agnès de Méranie*, par Hippolyte Lazerges, qu'on peut voir au foyer de l'Odéon, portrait sincère et convaincu, d'ailleurs, ne rend pas ce que son visage avait de particulièrement touchant et séduisant. Certes, elle n'avait ni cette beauté souveraine qui était la moitié du talent de mademoiselle Georges, ni cette charmante et gracieuse physionomie, qui valut aussi tant de succès à mademoiselle Mars; mais ce qui la rendait, malgré tout, extrêmement séduisante, c'était un charme, une attraction très particulière, qui s'exhalait de toute sa personne.

« Je ne suis pas belle, je suis pire[1] ! » disait-elle elle-même, en parlant de son visage fatigué de bonne heure. George Sand, que j'ai déjà citée et que je citerai encore, car elle est certainement l'une des personnes qui ont le mieux connu l'admirable artiste et qui en ont parlé avec le plus de sincérité, George Sand écrivait : « Née sur les tréteaux de province, élevée dans le tra-

---

[1]. Ce mot, tant de fois cité depuis, et à propos de diverses artistes, a été dit bien réellement par madame Dorval en parlant d'elle-même.

vail et la misère, Marie Dorval avait grandi à la fois souffreteuse et forte, jolie et fanée, gaie comme un enfant, triste et bonne comme un ange condamné à marcher sur les plus durs chemins de la vie... » Et ailleurs : « Elle était mieux que jolie, elle était charmante ; et cependant elle était jolie, mais si charmante, que cela était inutile. Ce n'était pas une figure, c'était une physionomie, une âme. Elle était encore mince, et sa taille était un souple roseau qui semblait toujours balancé par quelque souffle mystérieux, sensible pour lui seul... »

« Quoiqu'elle ne fût pas régulièrement belle, disait à son tour Gautier, elle possédait un charme suprême, une grâce irrésistible ; avec sa voix émue, troublée, qui semblait vibrer dans les larmes, elle s'insinuait doucement au cœur, et, en quelques phrases, s'emparait du public mieux que ne l'eût fait une actrice de talent impérieux et de beauté souveraine. Comme elle était sympathique et touchante ! Comme elle intéressait ! Comme elle se faisait aimer et comme on la trouvait adorable ! »

Madame Dorval avait cependant un certain nombre de défauts naturels, contre lesquels elle lutta toute la vie : sa voix était éraillée, sa prononciation grasseyante, et son premier abord sans noblesse et même sans grâce; elle avait le débit de convention, maladroit et gêné, et, trop intelligente pour beaucoup de rôles qu'elle eut à jouer, elle disait souvent : « Je ne sais aucun moyen de dire juste des choses fausses. Il y a au théâtre des locutions connues qui ne pourront jamais sortir de ma bouche que de travers, parce qu'elles n'en sont jamais sorties dans la réalité. Je n'ai jamais dit dans un moment de surprise : « Que vois-je ? » et dans un moment d'hésitation : « Où m'égarai-je ? » Eh bien, j'ai souvent des tirades entières dont je ne trouve pas un seul mot possible, et que je voudrais improviser d'un bout à l'autre si on me laissait faire ! »

Ces défauts naturels, que je viens d'énumérer, n'empêchaient pas cette femme admirablement douée de remplir avec une égale supériorité les rôles les plus disparates, et de montrer dans *Marion Delorme*, dans *Angelo*, dans *Chatterton*, dans *Antony*, et, plus tard, dans le drame de *Marie-Jeanne*, quelle passion jalouse, quelle chasteté suave, quelles entrailles de mère étaient en elle à une égale puissance !

Mais Dorval n'avait pas que du génie, pour répéter le mot que les critiques les plus autorisés n'ont pas hésité à prononcer à propos d'elle, elle avait aussi de l'esprit, et du plus fin, et du plus gai.

« Cette Adèle d'*Antony*, disait Théophile Gautier, dont le sourire a tant de tristesse et de larmes, déploie chez elle tous les trésors de son esprit naturellement vif et joyeux. »

« Le propre de l'esprit de madame Dorval, disait-il encore, c'est une gaieté franche et de bon aloi, naïve et jeune comme la chanson de l'oiseau qui court les épis, obligeante et vous mettant tout de suite à l'aise, qui que vous soyez; ce qui est le propre des véritables riches en fait d'esprit, nobles cœurs qui tendent la main aux plus pauvres. La conversation de madame Dorval ne s'alimente jamais de ces lieux communs si tristes que Voisenon appelle de *bons amis qui ne manquent jamais au besoin*. Elle se pend, au contraire, le plus follement du monde aux branches de la folie et du paradoxe, secouant l'arbre à le briser, animant tout, raillant tout, imprudente à se dépenser de mille façons, et ne concevant pas que l'on puisse faire des économies. »

Un été qu'elle jouait à Anvers, elle n'avait personne ; elle écrivit à Alexandre Dumas, et dessina dans sa lettre le théâtre d'Anvers, avec une multitude de rats dansant à l'entour, voulant dire par là qu'il n'y avait pas un chat dans la salle.

Gustave Planche s'étant pris, dit-on, d'une belle passion pour madame Dorval, à l'époque où elle jouait Kitty-Bell, cherchait un biais ingénieux pour se déclarer, lorsqu'un jour il entendit au théâtre un impertinent médire du jeu et plus encore des charmes de son idole. Planche s'approcha du blasphémateur sans mot dire, et, d'une main vengeresse, asséna sur la bouche sacrilège un coup de poing assez puissant pour en faire tomber deux incisives. Il ramassa précieusement ces deux témoignages d'une vigoureuse passion et les envoya, en galant paladin, à la dame de ses pensées, avec une légende explicative. Celle-ci, qui tenait médiocrement sans doute à couronner le dévouement de son chevalier, riposta par le singulier remerciement que voici :

« J'ai reçu les deux dents de cet impertinent : merci ! Mais il doit en avoir d'autres, envoyez-m'en encore. J'ai des motifs pour désirer le râtelier complet. »

Un soir qu'elle jouait *Antony* avec Bocage, sur le théâtre du Palais-Royal, pour un bénéfice, le régisseur, mal renseigné sur le moment où il fallait crier : *Au rideau !* fit tomber la toile sur le coup de poignard d'*Antony*, de sorte que le public fut privé du dénouement. Ce n'était point son affaire ; le dénouement, voilà ce qu'il voulait surtout ; aussi, au lieu de s'en aller, se prit-il à crier de toutes ses forces : « Le dénouement ! le dénouement ! » Les cris devinrent tels, que le régisseur pria les artistes de permettre qu'on relevât le rideau, afin qu'ils pussent achever la pièce. Dorval, toujours bonne fille, reprit sur son fauteuil sa pose de femme tuée, et l'on se mit à courir après Antony.

Mais Antony était rentré dans sa loge, furieux d'avoir manqué son effet de la fin ; retiré sous sa tente comme Achille, comme Achille il refusait obstinément d'en sortir. Pendant ce temps, le public applaudissait, criait, appelait : « Bocage ! Dorval !... Dorval ! Bocage ! » et menaçait de casser les banquettes. Le régisseur leva la toile, espérant que Bocage, mis au pied du mur, serait forcé d'entrer en scène. Bocage envoya promener le régisseur. Cependant, Dorval attendait sur son fauteuil, le bras pendant, la tête renversée en arrière. Le public aussi attendait. Le plus profond silence s'était fait ; mais, après une ou deux minutes écoulées, quand on vit que Bocage n'arrivait pas, on se mit à applaudir, à appeler, à crier de plus belle. Dorval sentit que l'atmosphère tournait à la bourrasque ; elle ramena son bras, redressa sa tête renversée, se leva, s'avança jusqu'à la rampe, et, au milieu du silence ramené par miracle au premier mouvement qu'elle avait risqué :

« Messieurs, dit-elle, je lui résistais, il m'a assassinée ! »

Puis elle tira une belle révérence et sortit de la scène, saluée par un tonnerre d'applaudissements.

C'est l'auteur d'*Antony* lui-même, c'est Dumas qui raconte la chose dans ses *Mémoires* (tome VIII); il est vrai que, pour certains sceptiques, ce ne serait pas une garantie absolue d'authenticité.

J'ai parlé longuement de l'admirable talent de madame Dorval, j'ai parlé de son esprit; il me reste maintenant à parler de son cœur, qui chez elle, était à la hauteur du reste.

Bien qu'elle n'ait jamais gagné plus de quinze ou dix-huit mille francs par an, tout en ne se reposant jamais, non seulement elle sut faire sa demeure et ses habitudes élégantes sans luxe, à force de goût et d'adresse, mais encore elle se montra toujours grande et généreuse, payant souvent des dettes qui n'étaient pas les siennes et ne sachant pas repousser les parasites qui n'avaient de droits chez elle que par la persistance de l'habitude. « Je lui ai vu vendre, dit George Sand, pour habiller ses filles ou pour sauver de lâches amis, jusqu'aux petits bijoux qu'elle aimait comme des souvenirs et qu'elle baisait comme des reliques. »

Mais c'est avec sa famille surtout qu'elle fut admirable de dévouement et d'abnégation. Elle adorait ses filles, et, quand la dernière, mariée à René Luguet, l'acteur bien connu du Palais-Royal, eut un enfant, cet enfant devint la joie, l'amour suprême, de madame Dorval. « Il fallait à ce cœur dévoué un être à qui elle pût se donner tout entière, le jour et la nuit, sans repos et sans restriction. Cette tendresse immense, qui se réveillait en elle plus vive que jamais, donna un essor nouveau à son génie. Elle créa le rôle de Marie-Jeanne, et y trouva des cris qui déchiraient l'âme, des accents de douleur et de passion qu'on n'entendra plus au théâtre, parce qu'ils ne pouvaient partir que de ce cœur-là et de cette organisation-là, parce que ces cris et ces accents seraient sauvages et grotesques venant de tout autre qu'elle, et qu'il fallait une individualité comme la sienne pour les rendre terrifiants et sublimes. » (George Sand.)

Quelques jours avant la première représentation, on lui demandait :

— Qu'est-ce que c'est que votre rôle ? En êtes-vous contente ?

— Je ne sais pas ; j'ai un enfant, je le perds. Voilà tout.

En effet, c'était tout ; mais, avec cela, elle faisait de ce mélodrame l'œuvre la plus émouvante qui se pût voir ; elle y mettait toute sa grandeur, toute sa tendresse, tout son cœur de femme et de mère. Ce n'était plus *Marie-Jeanne* qu'elle jouait, c'était Marie Dorval.

A la suite de sa grande scène de l'hospice, comme la salle croulait sous les applaudissements, quelqu'un lui dit :

— Jamais femme n'a été aussi acclamée par le public.

— Je crois bien, répondit-elle ; les autres

femmes lui donnent leur talent; moi, je lui donne ma vie !

Cet éclatant triomphe devait être le dernier, hélas ! Elle fut atteinte, en effet, à la suite de ce grand succès, d'une affreuse maladie, une perforation au poumon, dont elle se releva comme par miracle, mais dont elle ne guérit jamais complètement.

Et puis... et puis les années avaient marché, elle vieillissait, il lui manquait une ou deux dents, et l'embonpoint, toujours funeste aux artistes dramatiques, commençait à l'envahir ; déjà elle connaissait ce triste calvaire, qui consiste à aller de porte en porte demander l'emploi de son talent et de son génie.

Enfin, pour l'achever, l'enfant de sa fille Caroline, le petit Georges Luguet, qu'elle aimait à l'adoration, mourut entre ses bras ; ce dernier coup la frappa en plein cœur; elle traîna quelques années encore, mais jamais elle ne quitta plus le deuil, jamais elle ne reprit goût à la vie.

Elle poussa les regrets jusqu'aux démonstrations les plus incroyables. Tous les jours, sans le dire à personne, elle allait porter différents objets, et principalement des joujoux, sur la tombe. Elle y avait fait mettre un pliant, retenu par une chaîne cadenassée, et s'y tenait des demi-journées entières à pleurer, à prier et à s'entretenir dans la pensée qu'elle causait avec l'enfant. Sans l'avoir vue entrer, les gardiens la reconnaissaient de loin à ses cris de désespoir.

« Ce qui a tué madame Dorval, dit quelque part Théophile Gautier, c'est sa trop vive sensibilité, c'est la passion, l'enthousiasme, l'âme prodiguée, l'huile brûlée vite dans une lampe ardente, l'indifférence, le dédain de certains grands théâtres, le silence qui se faisait autour d'un nom naguère retentissant, et surtout le regret d'un enfant perdu ; car, ainsi que le dit Victor Hugo, le grand poète :

Ces petits bras sont forts pour vous tirer en terre ! »

George Sand a cité tout au long, au cours du chapitre qu'elle a consacré à madame Dorval dans l'*Histoire de ma vie*, la dernière lettre qu'ait écrite la main tremblante de la pauvre grande artiste, la lettre toute froissée, brûlante de fièvre, et dont l'écriture torturée avait quelque chose de tragique. Voici cette lettre, datée de Caen, le 15 mai 1849 :

« Chère Caroline, ta pauvre mère a souffert toutes les tortures de l'enfer. Chère fille, nous voici dans l'anniversaire douloureux. Je te prie que la chambre de mon Georges soit fermée et interdite à tout le monde. Que Marie n'aille pas jouer dans cette chambre. Tu tireras le lit au milieu de la chambre. Tu mettras son portrait ouvert sur son lit et tu le couvriras de fleurs. Des fleurs aussi dans tous les vases. Tu enverras chercher ces fleurs à la Halle. Mets-lui tout le printemps qu'il ne peut plus voir. Puis tu prieras toute la journée en ton nom et au nom de sa pauvre grand'mère. Je vous embrasse bien tendrement. Ta mère. »

Le surlendemain du jour où elle écrivait cette lettre navrée, elle partait mourante pour Paris. Elle y expira trois jours après, le 20 mai 1859. Elle avait cinquante et un ans.

L'abandon impitoyable du public, qui avait été une des causes de sa mort, la poursuivit jusque dans la tombe. Son cercueil passa au milieu de la foule distraite, à peine suivi de quelques amis fidèles : Alexandre Dumas, Victor Hugo ; d'un ou deux sociétaires du Théâtre-Français, de quelques rares auteurs et de quelques comédiens. Un de ceux-ci, Laferrière, a raconté dans ses *Mémoires* cette dernière page de la vie de la grande artiste :

« Lorsque nous fûmes rangés autour de la fosse, le fossoyeur, après sa première pelletée de terre, s'appuya sur sa bêche et parut attendre. Il se fit un silence ; il y eut entre les assistants un échange de regards, mais personne ne bougea. Ce fut un jeune homme qui, voyant cette singulière abstention, s'avança vivement et, d'une voix émue, dit quelques mots remplis d'une sympathie touchante. Ce jeune homme, simple auteur alors, académicien aujourd'hui, se nommait Camille Doucet. C'est une des bonnes actions de sa vie, qui en compte un grand nombre.

» Nous allions nous retirer lorsqu'une femme, que deux personnes soutenaient, s'avança près de la fosse béante et la contempla pendant quelques minutes dans un recueillement douloureux. Cette femme, qu'un grand voile noir enveloppait comme Rodogune et qui portait encore dans ses traits majestueux les traces d'une beauté célèbre, c'était mademoiselle Georges. Elle ne dit qu'un mot : « Pauvre femme ! » Et cela fut dit de telle sorte, qu'un unanime sanglot s'échappa à l'instant même de toutes les poitrines. Je n'ai de ma vie rien entendu qui fût à la fois plus simple et plus grand. »

J'ai dit que madame Dorval s'était mariée, à l'âge de quinze ans, à un de ses camarades qui tenait l'emploi des Martin, nommé Allan-Dorval. Ce mariage ne paraît pas lui avoir apporté de bien grandes satisfactions. « Orpheline à quinze ans, disait-elle, j'épousai le premier venu qui voulut bien se charger de mon sort. Le hasard intervertit les rôles, je devins la protectrice de mon protecteur. Les souffrances et les travaux de la maternité, les soucis du ménage, les dures peines de l'acteur de province, sans feu ni lieu, pour ainsi dire, en butte aux caprices du public, aux faillites des directeurs, ont rempli ma jeunesse... »

Son premier mari étant mort, plus tard, à Saint-Pétersbourg, madame Dorval épousa, en deuxièmes noces, le spirituel et insouciant Merle, écrivain distingué, assez oublié aujourd'hui, mais qui eut son heure de réputation. Il avait fait un grand nombre de vaudevilles charmants, le *Ci-devant Jeune Homme*, entre autres; il avait été aussi directeur de la Porte-Saint-Martin pendant quatre ans, de 1822 à 1826; enfin, c'était lui qui était chargé du feuilleton dramatique à *la Quotidienne*, emploi qu'il conserva presque jusqu'à ses derniers jours et dont il s'acquitta avec esprit, avec goût et presque avec impartialité [1]. Chose singulière, ce fut à glorifier Rachel qu'il passa surtout sa vie et consacra ses efforts, sacrifiant à cette admiration, qui était pour lui un culte, jusqu'à la pauvre Marie Dorval, sa femme. « Je l'avais vue bien souvent attristée, dit Dumas, de cette espèce de trahison dans sa propre famille. »

D'après Henry Monnier, « Merle a été un des hommes les plus spirituels et les plus beaux de son temps : poli, cherchant à plaire à tout le monde, ne se plaignant jamais de rien, ne trouvant jamais rien de mauvais, il était un des derniers et des plus complets échantillons de cette race d'hommes aujourd'hui éteinte, qu'on appelait les gens aimables. Cet homme doux, s'accommodant de tout, se rangeant volontiers

---

1. Outre ses feuilletons de théâtre à *la Quotidienne*, qu'il signait J.-T., Merle faisait encore la Revue de la semaine qu'il signait *le Censeur*, des appréciations de peinture, signées *l'Amateur*, et envoyait, en outre, à *la Mode* de petits articles qu'il ne signait pas du tout.

aux idées de celui qui parlait, qui n'aurait pas dû avoir, à ce qu'il semble, d'opinion politique, fut toute sa vie un légitimiste intraitable. Rien ne put l'entamer là-dessus, il est mort tout entier dans sa foi, et c'est là un rare mérite par le temps qui court ». (*Mémoires de M. Joseph Prudhomme.*)

Avec ces nombreuses et charmantes qualités, Merle pouvait passer pour l'insouciance en personne ; il poussait même si loin cet aimable détachement de toute chose, Rachel et la politique à part, que madame Dorval a pu dire de lui : « Merle, toujours gai et satisfait, pourvu que rien ne fasse un pli dans son bien-être, est, aujourd'hui comme toujours, le calme personnifié, aimable, facile à vivre, charmant dans son égoïsme. »

Madame Dorval morte, Merle, bien qu'âgé seulement de soixante-quatre ans, tomba dans un état de langueur suivi de paralysie. Aimable et bon, mais profondément personnel, il trouva tout simple de rester, lui, ses infirmités affreuses et ses dettes intarissables, à la charge du gendre et de la fille de sa femme, auxquels il n'était rien, sinon un devoir légué par madame

Dorval, devoir qu'ils accomplirent jusqu'au bout. Et pourtant Merle avait une famille, et une famille riche !

Henry Monnier raconte encore qu'un an après la mort de madame Dorval, il revit Merle, enfoncé dans un fauteuil, la tête inclinée sur sa poitrine, reconnaissant à peine ses amis, répondant péniblement aux questions qu'on lui adressait. Cependant on devinait encore, plutôt qu'on ne retrouvait, dans ses traits amaigris, dans ses yeux enfoncés, la noblesse et la régularité de physionomie, la vivacité intelligente de regard de l'ancien collaborateur de M. de Jouy, de l'auteur des *Ermites*, d'une foule de vaudevilles qui passeraient pour des comédies aujourd'hui, et du feuilletoniste de *la Quotidienne*.

Le mari de madame Dorval vécut encore deux ans de cette existence végétative ; il s'éteignit en février 1852, âgé de soixante-sept ans.

XII

La Juive. — Cent cinquante mille francs de mise en scène — La *duponchellerie*. — Un trait de génie : la chaudière du cinquième acte. — La musique de *la Juive ;* *la Juive* est le premier succès véritable, et en même temps le plus éclatant, qu'ait remporté Halévy au théâtre. — Le poème de *la Juive :* Scribe et Nourrit. — Cornélie Falcon ; son immense succès. — Son portrait, ses qualités dramatiques, sa voix. — Les vestales de l'art.

Cent cinquante mille francs de mise en scène aujourd'hui où les magnificences des *Tour du Monde en 80 jours*, des *Michel Strogoff* et autres drames-féeries nous ont absolument blasés sur ce chapitre, c'est peu de chose ; mais, en 1835, on n'était pas encore habitué, même à l'Opéra, à ces débauches de décors et de costumes. Aussi, lorsque, dans la soirée du 23 février de cette année-là, on vit, à la fin du premier acte de *la Juive*, s'avancer, à travers les vieilles rues de la ville de Constance, cette multitude innombrable de sonneurs de trompe, de porte-bannières, d'arbalétriers, d'hommes d'armes, de hérauts, d'archers, précédant les membres du concile, le président suprême dudit concile, le cardinal Brogni, et enfin l'empereur Sigismond lui-même, monté sur un cheval magnifiquement caparaçonné et entouré de ses pages, de ses gentilshommes, de ses écuyers et des princes de l'empire; quand on vit ce déploiement d'armures, de costumes historiques, de manœuvres hippiques, il y eut dans la salle un long cri d'admiration.

Naturellement, il ne manqua point non plus de gens pour blâmer cette dépense excessive, et, en tête, ceux qui trouvaient qu'Éléazar et Rachel n'avaient nul besoin de tant de magnificences pour obtenir d'unanimes applaudissements. Castil-Blaze, le musicien-critique, prononça le mot d'*opéra-Franconi*; du reste, toute sa vie, le farouche feuilletoniste fit une guerre acharnée à ce débordement de mise en scène, qu'il appelait de la *duponchellerie*.

Puis vinrent les envieux et les malveillants, qui affectèrent, au contraire, d'attribuer aux splendeurs de cette mise en scène le succès de l'œuvre magistrale, dont Halévy venait d'enrichir notre répertoire lyrique.

C'était surtout au premier et au dernier acte que les décorations et le luxe des costumes affichaient un éclat incomparable.

Quatre de ces décorations, sur cinq, sortaient de notre atelier, et, parmi ces quatre, les deux plus importantes, celle du premier acte, représentant un carrefour de la ville de Constance en 1414, avec le portail d'une église, les rues étroites venant aboutir sur la scène, avec leurs maisons pittoresques aux toits aigus, aux étages venant surplomber les uns sur les autres; puis la célèbre et splendide décoration du cinquième acte, celle où se passe l'autodafé qui termine l'opéra. Elle représente, comme chacun sait, au premier plan, la tente du légat, une tente vaste et magnifique, soutenue par des colonnes gothiques à chapiteaux dorés: cette tente domine toute la ville de Constance, dont on aperçoit, au second plan, la grande place et les principaux édifices. A l'extrémité de la grande place, l'énorme cuve d'airain, chauffée par un brasier ardent, où l'infortunée Rachel doit être jetée au dénouement. Autour de la place, enfin, des gradins en amphithéâtre, garnis de peuple ; le peuple étant figuré, non point par des figurants en chair et en os, mais par des personnages peints.

Il faut dire que la mise en scène du dénouement de *la Juive* ne laissa pas d'étonner le public de l'Opéra, et qu'elle ne justifia point complètement les espérances de Duponchel, qui comptait de bonne foi sur un succès étourdissant.

« Comment ! disait-il à Scribe, c'est vous qui avez inventé ce dénouement dans une chaudière ! C'est vous qui avez imaginé de faire bouillir la Juive, au lieu de la faire brûler vulgairement sur un bûcher ! Les classiques n'auraient jamais trouvé ce trait de génie ! Ce dénouement, monsieur Scribe, vous fera toute votre vie le plus grand honneur. »

Quoi qu'il en soit, le temps a prouvé que, si le luxe inusité de la mise en scène de *la Juive* pouvait concourir dignement à l'effet général de ce chef-d'œuvre, il n'était pas indispensable à son succès.

Ce fut, du reste, le premier grand triomphe que Fromental Halévy eût encore obtenu au théâtre, comme il devait rester le plus éclatant et le plus retentissant de toute sa carrière. Jusque-là, son nom était demeuré assez obscur, et l'on peut dire qu'il n'avait pas encore fait ses preuves. En effet, les opéras-comiques qu'il avait déjà donnés (il est vrai que ce ne sont point ses meilleurs) n'avaient pas mis à sa véritable place le savant élève de Chérubini, l'auteur fécond qui devait répandre ses idées gracieuses, énergiques, touchantes surtout, dans un grand nombre de partitions remarquables, l'artiste éminent qui devait achever de révéler, dans son trop court passage à l'Académie des beaux-arts, tant de qualités supérieures et variées.

Ce fut la mort prématurée d'Hérold, en 1833, qui ouvrit la route à Halévy. Nommé chef de chant à l'Opéra en remplacement de l'auteur de *Zampa* et du *Pré aux Clercs*, il ne tarda pas à acquérir dans l'administration du théâtre une légitime influence. Au mois d'août de cette même année, il fut nommé professeur de composition au Conservatoire, en remplacement de Fétis.

Halévy acheva d'abord, pour rendre un pieux hommage à la mémoire d'un confrère et d'un ami, une partition en deux actes, intitulée *Ludovic*, dont Hérold n'avait écrit que quelques morceaux, et qui fut jouée avec succès en 1834; puis on lui demanda à lui-même la musique d'un grand opéra, en lui offrant, par une insigne faveur, un poème de Scribe.

On ne lira pas sans intérêt les détails suivants, qu'Halévy a donnés lui-même sur la façon dont cet ouvrage, qu'Alphonse Royer appelle à juste titre dans son *Histoire de l'Opéra* un des chefs-d'œuvre de l'école française, fut conçu et enfanté.

« C'est par une belle soirée d'été, dans le parc de Montalais [1], que M. Scribe me conta pour la première fois le sujet de *la Juive*, qui m'émut profondément, et je conserverai toujours le souvenir de cet entretien, qui se rattache à une des époques les plus intéressantes pour moi, de ma

---

[1]. Château près Meudon, résidence d'été de Scribe, qui devint plus tard la propriété du maréchal Saint-Arnaud.

vie d'artiste. Dans l'exposition que M. Scribe me fit du sujet, de sa manière dont il prétendait le traiter, le rôle du chrétien Léopold, amant de la juive Rachel, était destiné à Nourrit. Éléazar, le père, eût été dévolu à Levasseur et le cardinal à Dabadie. Mais, lorsque je commençai à m'occuper de la partition, je fus frappé des accents nouveaux que donnait à la musique la voix de ténor, la voix de Nourrit, dans un rôle de père. Je gagnais ainsi dans le rôle du cardinal, qui est père aussi, la voix et le talent de M. Levasseur. M. Scribe fut de mon avis et, d'un commun accord, nous donnâmes le poème à lire à Nourrit, le laissant maître de choisir son rôle. « Mon choix n'est pas douteux, » nous dit-il quelques jours après, « j'aurai des entrailles » paternelles. » Nourrit, en s'associant ainsi à notre désir, était animé du sincère amour de son art. Le ténor tient à ses prérogatives d'*amoureux*; il craint, en se grimant, de perdre à jamais le prestige de la jeunesse et de laisser aux spectateurs, et surtout aux spectatrices, le souvenir durable d'un masque fâcheux et l'empreinte trop hâtive de cet âge fatal que l'art du comédien est habile à cacher. Mais Nourrit était assez jeune et se sentait assez fort pour affronter ce danger et il s'y livra noblement dans l'intérêt commun.

Mais Nourrit ne se contenta point de se prêter au désir du compositeur, il lui donna en outre des conseils que celui-ci trouva excellents et dont il n'eut, en effet, qu'à se louer par la suite. C'est ainsi que primitivement le quatrième acte se terminait par un finale. Nourrit demanda que ce finale fût remplacé par un air, Halévy fit la musique de l'air sur la situation donnée, et Scribe autorisa le ténor à écrire lui-même les paroles. Nourrit voulait choisir les syllabes les plus sonores, les plus favorables à sa voix. Peu de jours après, il apportait aux deux collaborateurs les paroles suivantes, un des morceaux les plus réussis sans conteste de tout l'ouvrage :

Rachel, quand du Seigneur la grâce tutélaire
A mes tremblantes mains confia ton berceau,
J'avais à ton bonheur voué ma vie entière,
O Rachel !... Et c'est moi qui te livre au bourreau !

Il n'est que juste d'ajouter que, si le livret de *la Juive* est un peu trop uniformément triste et sombre, s'il est, en outre, rempli d'invraisemblances et s'il ne brille point par l'originalité des caractères, il offre, en revanche, nombre de merveilleuses situations musicales, ce qui est l'essentiel; car le public, tout à l'admiration de la manière dont ces situations sont rendues, ne se demande pas si elles se trouvent suffisamment justifiées. Personne n'a mieux compris, du reste, que Scribe, qui n'était pourtant point musicien, le rôle de la musique dans les opéras. Ajoutons encore, entre parenthèses, que les deux rôles les plus dramatiques de *la Juive*, ceux d'Éléazar et de Rachel, ont été empruntés par lui au Shylock de Shakspeare et à la Rébecca du roman d'*Ivanhoé*, de Walter Scott.

Le fameux air du quatrième acte ne fut pas le seul changement apporté, avant la mise au point définitive, à la forme primitive du livret. Diverses modifications, jugées nécessaires par le musicien, furent approuvées par Scribe; mais, comme celui-ci avait l'horreur de ces remaniements après coup, ce fut Léon Halévy qui prêta, en cette circonstance, à son frère, le concours de sa plume élégante et ingénieuse.

La musique de *la Juive* est trop connue pour qu'il soit besoin de l'apprécier ici. Disons seulement qu'Halévy l'écrivit d'entraînement et de passion : cela se reconnaît aisément, d'ailleurs, à l'inspiration soutenue, à l'unité de caractère qu'offre cette belle partition. Une autre preuve, c'est la sève exubérante du génie de l'artiste : elle était telle qu'on dut élaguer beaucoup après la première représentation, et qu'il fallut retrancher une bonne demi-heure à la durée du spectacle.

A l'exemple de Rossini et de Meyerbeer, a dit Fiorentino, Halévy possédait au plus haut degré le sentiment du drame et de l'entente scénique, qualités indispensables pour qu'un opéra réussisse et se maintienne au théâtre. Il ne se laissait point séduire par le côté extérieur d'un sujet, par la couleur locale, par l'effet des masses; il cherchait le côté humain, la passion et la vie. Il savait que les œuvres d'art, qui ne frappent que l'imagination sans aller au cœur, sont des œuvres mort-nées. Là était sa force, et c'est par là qu'il survivra à bien des musiciens qui se croient peut-être ses égaux et qui ne lui viennent pas à la cheville. Halévy rend toujours la situation dramatique avec une rare énergie ; et, si tous les ouvrages sérieux et les ouvrages de genre qu'il a livrés successivement au public n'ont pas la même valeur et n'ont pas eu le même succès, ils n'en contiennent pas moins des beautés de premier ordre, et cette qualité essentielle d'intéresser constamment le spectateur.

Le succès de *la Juive* ne fut pas cependant décisif dès les premiers jours. Une grande partie de la presse ne loua le jeune compositeur qu'avec une discrétion plus que réservée ; certains critiques maintinrent même avec obstination leur premier jugement, même après que ces petites oppositions eurent été couvertes par la grande voix publique. Nourrit a donné peut-être la vraie raison de la froideur de quelques journaux : « Halévy, dit-il, ne s'est pas mis sous le patronage des grands faiseurs ; Halévy est modeste, et, comme il ne crie pas bien haut qu'il est le premier de tous, on le traite en petit garçon. »

Quoi qu'il en soit, le triomphe d'Halévy, pour lui avoir été quelque peu marchandé, ne devait pas être moins complet. Les dernières résistances furent vaincues, et le succès se manifesta bientôt dans tout son éclat. Aujourd'hui, *la Juive* a fait son tour du monde et elle compte autant de représentations que *Guillaume Tell*, *Robert le Diable* et *les Huguenots*.

On assure même que le succès de *la Juive* et celui des *Huguenots* furent pour beaucoup dans le silence gardé par Rossini depuis *Guillaume Tell*. Quelqu'un lui ayant demandé, vers cette époque (1835 ou 1836), s'il ne rentrerait pas bientôt dans la lice, il ne put se défendre de répondre par ce mot amer : « Peut-être, quand les juifs auront fini leur sabbat ! »

Il est toutefois incontestable que le beau et légitime succès de *la Juive* était dû en partie au magnifique ensemble dont l'Opéra disposait alors. Dans le rôle d'Éléazar, Adolphe Nourrit fut parfait et laissa des souvenirs que Duprez lui-même ne parvint jamais à faire oublier. Le quatrième acte surtout était son triomphe. « Ceux qui n'ont pas entendu Nourrit dans la scène où il refuse à Brogni de lui dire où est sa fille, n'auront jamais l'idée de l'impression profonde qu'on peut y produire : un chanteur habile en tirera toujours de l'effet, mais le talent du tragédien était pour moitié dans le triomphe de l'incomparable interprète. » (Quicherat.)

L'interprétation des autres rôles était également tout à fait supérieure. Levasseur, dans le rôle de Brogni, donna une nouvelle preuve de son rare talent de chanteur, de son intelligence, de son feu, de l'énergie de ses accents dramatiques. Mademoiselle Dorus-Gras fut excellente, elle aussi, dans la princesse Eudoxie, et mademoiselle Falcon, enfin, se montra incomparable dans le rôle de Rachel, qu'elle établit de telle façon qu'il demeura un modèle pour la diction parfaite et l'expression.

Cornélie Falcon, sortie du Conservatoire en 1832, avait débuté à l'Opéra, le 20 juillet de cette même année [1], par le rôle d'Alice, de *Robert le Diable*, où elle effaça bien vite mademoiselle Dorus, la créatrice du rôle. Son début fut un étonnement et un triomphe, dit Alphonse Royer ; jamais on n'avait vu sur la scène de l'Académie royale, avant Cornélie Falcon, une artiste réunissant à la fois tant de moyens naturels, tant de talent d'exécution, tant de distinction et de beauté.

« L'Opéra, disait de son côté le redouté Castil-Blaze, vient de trouver le sujet qui lui manquait : une jeune femme dont la voix puissante et gra-

---

[1]. Elle n'avait pas encore vingt ans révolus. Ses professeurs avaient été Bordogni et Pellegrini pour le chant et Nourrit pour la déclamation.

cieuse convient aux effets les plus hardis, aux passions les plus animées du drame et de la musique. La manière ferme dont elle a dit le duo du second acte et le trio du dénouement, la douce expression qu'elle a donnée à la romance délicieuse : *Va, dit-elle, va, mon enfant*, décèlent un beau talent d'exécution. Son jeu, son intelligence dramatique, son aplomb nous promettent une actrice excellente... »

Elle sut donner également un charme pénétrant à cette touchante phrase d'Alice : *Quand je quittai la Normandie*. Puis, lorsque, surmontant une légitime émotion, elle attaqua les phrases les plus pathétiques, quand on entendit ces sanglots, cette variété de nuances et d'intonations de ces morceaux, qui, interprétés médiocrement, deviennent des redondances ou des cris, une indescriptible ovation salua l'artiste. « Jamais succès pareil n'a été obtenu par une débutante, écrivait Nourrit avec émotion : applaudie pendant tout le cours de son rôle, elle a été redemandée à la fin de la pièce, et son professeur est venu la livrer aux applaudissements frénétiques du public. C'est la première fois que semblable ovation a eu lieu à l'Opéra. »

Du premier coup, ce qui est le propre des artistes véritablement créateurs, mademoiselle Falcon avait mis son cachet au rôle d'Alice, où elle est demeurée sans rivale. Ceci est encore plus exact peut-être pour Rachel, de *la Juive*. Bien des cantatrices, en effet, se sont essayées, depuis, dans ce rôle; mais on peut le dire, sans crainte de se tromper, avec Alphonse Royer et bien d'autres, c'est encore mademoiselle Falcon qui reste la plus belle comme la plus passionnée des Rachel.

Mademoiselle Falcon était alors en pleine possession de son beau talent; sa personnalité instinctive s'était développée par l'étude et la réflexion, et l'on peut dire que le rôle de Rachel, entre celui d'Alice et celui de Valentine, marqua l'apogée de sa trop courte carrière dramatique.

L'éminente artiste avait, d'ailleurs, toutes les qualités requises pour les rôles passionnés et émouvants du grand répertoire moderne: une voix d'un métal incomparable, un jeu noble et dramatique, une taille élégante, un visage expressif d'une coupe idéale, de grands yeux voilés, un beau front surmonté d'une magnifique couronne de cheveux noirs.

Théophile Gautier, à qui il faut toujours revenir, quand il s'agit de décrire la beauté d'une des femmes célèbres de son temps, a donné une esquisse de mademoiselle Falcon, qu'on lira sans doute avec curiosité.

« La coupe du beau masque de mademoiselle Falcon est éminemment tragique et merveilleusement disposée pour rendre les grands mouvements de passion; les yeux surtout sont parfaitement beaux ; des sourcils d'un noir velouté, d'une courbure orientale, se joignent presque à la racine d'un nez mince et un peu trop aquilin peut-être ; ces sourcils, dessinés fermement, contribuent beaucoup, par leur contractilité, à donner à la face une expression de passion jalouse et d'emportement tragique très bien appropriée aux rôles que joue habituellement mademoiselle Falcon. Le front est noble, intelligent, lustré par des frissons de lumière sur les portions saillantes, et baigné de tons fauves aux endroits ombrés par les cheveux. Le défaut de cette figure si noble et si régulière consiste dans le peu de développement du menton. La distance, à partir du nez jusqu'à l'extrême bord de l'ovale, nous paraît légèrement courte ; plus d'ampleur dans ce contour achèverait mieux la figure, et lui donnerait plus d'harmonie... Le rôle où la beauté de madame Falcon ressort le plus avantageusement et semble, pour ainsi dire, dans son milieu naturel, c'est le rôle de la Juive; le turban hébraïque, avec la blanche bandelette qui fait mentonnière et encadre austèrement l'ovale de la tête, lui sied admirablement; nulle coiffure ne va mieux à sa physionomie, ni le diadème d'or, ni les fleurs épanouies, ni les perles laiteuses au blond reflet ne s'accommodent aussi bien à sa figure; elle ressemble tout à fait à une des compagnes de la fille de Jephté, si ce n'est à la fille de Jephté elle-même. »

Blaze de Bury se montra peut-être encore plus enthousiaste dans les pages qu'il a consacrées à la jeune et merveilleuse cantatrice. C'est avec un véritable lyrisme qu'il vantait la grâce et la distinction de sa personne, ses yeux qui « répandaient plus de lueurs qu'il n'y en a dans l'aube ou dans les étoiles d'un ciel d'Orient, un front où rayonnait l'intelligence, l'apparition du génie dans la beauté ». Et il continuait : « L'art moderne saluait en elle sa prêtresse inspirée, et tous de l'admirer et de battre des mains sur son passage, car il y avait, à cette époque, plus d'espérances autour de cette jeune tête qu'il n'y a de bourgeons aux branches d'arbre par une belle nuit de mai. Aussi, quels engouements! quels triomphes! Et, dans les éloges dont on la comblait, dans cet enthousiasme des artistes, du public, quelle réserve délicate! quelle respectueuse émotion! comme si on eût craint, par de trop bruyants hommages rendus à la cantatrice, de profaner la pureté de la jeune fille! Les maîtres eux-mêmes se conformaient à ce sentiment qu'impose l'honnêteté, et Meyerbeer s'efforçait d'atténuer à son intention certains traits trop hardis du caractère de Valentine. »

Nous avons dit déjà quelles rares et puissantes aptitudes dramatiques réunissait mademoiselle Falcon, malgré sa grande jeunesse. Ce fut surtout dans *la Juive* qu'elle acheva de se poser non seulement comme chanteuse incomparable, mais comme tragédienne. Grâce, sensibilité, chaleur, énergie, elle déploya successivement toutes ses splendides qualités dans ce rôle de Rachel, qui semblait avoir été écrit spécialement pour elle. Et qu'on ne dise pas que son maître et son modèle, Nourrit, avait une bonne part à revendiquer dans la victoire de son élève favorite ; lui-même est convenu, avec une sincérité qui l'honore, qu'il ne fut pour rien dans son succès, car elle n'avait répété qu'une seule fois le rôle avec lui avant de le jouer, et il n'avait eu qu'à dire *amen* à tout ce qu'elle faisait.

Quant à sa voix, on n'aurait pu en imaginer de plus étendue, de plus limpide, de plus admirablement belle et *génuine*, et en même temps de plus capable d'effets grandioses. C'était un soprano bien caractérisé, portant plus de deux octaves, de *si* en *ré*, sonnant sur tous les points avec une égale vigueur. « Voix argentine, dit Castil-Blaze, d'un timbre éclatant, incisif, que la masse des chœurs ne pouvait dominer ; et pourtant le son, émis avec tant de puissance, ne perdait rien de son charme ni de sa pureté. Mademoiselle Falcon attaquait la note hardiment, la tenait, la serrait, la maîtrisait sans effort, et lui donnait l'accent le plus convenable au sentiment qu'elle voulait exprimer. »

On a dit aussi que le timbre incomparable de la voix de l'éminente artiste puisait sa limpidité dans les conditions particulières de son existence. « On ne sait malheureusement plus assez, écrit à ce propos Henri Blaze de Bury, quels ressorts inouïs la voix emprunte à certaines conditions spéciales, et que les vestales de l'art y sont les vraies reines. Là fut le secret de la toute-puissante influence exercée à diverses périodes par mademoiselle Falcon et par Jenny Lind. »

Jusqu'à quel point cette théorie est-elle vraie, et dans quelle mesure l'art défend-il aussi jalousement à ses interprètes d'écouter battre leur cœur? Ce qui semblerait donner raison sur ce point à Blaze de Bury, c'est précisément l'accident à jamais regrettable qui devait, deux ans plus tard, interrompre brusquement, en pleine jeunesse, en plein succès, le cours de la carrière musicale de mademoiselle Falcon, une des plus brillantes et des plus courtes à la fois dont le souvenir soit resté dans les fastes de l'Opéra.

FIN

TABLE

CHAPITRE PREMIER

Des *Mémoires* en général et des *Mémoires des hommes de théâtre* en particulier. — Les commencements d'un artiste. — Le père Lefebvre. — L'atelier Ciceri. — La décoration en France avant Ciceri. — Rénovation romantique du décor en 1830. — Ciceri et ses élèves. — Le cloître de *Robert le Diable*. — La politique et le théâtre de 1830 à 1832. — L'artillerie de la garde nationale............. 1

CHAPITRE DEUXIÈME

Mes premières décorations. — *Richard Darlington*, à la Porte-Saint-Martin. — Une des choses les plus terribles que Dumas ait vues au théâtre! — « Eh! f...-la par la fenêtre! » — Frédérick Lemaître, son génie, son véritable portrait. — Après Alexandre Dumas, Victor Hugo. — *Lucrèce Borgia*. — Victor Hugo décorateur. — L'auteur de *Lucrèce Borgia* expliqué par l'auteur d'*Indiana* 8

CHAPITRE TROISIÈME

Les Enfants d'Édouard. — Casimir Delavigne a été proprement le poète de la classe moyenne. — Casimir Delavigne et Paul Delaroche. — *Sylla*. — M. de Jouy et Talma. — *L'Ermite de la Chaussée-d'Antin*. — « *Sylla!* un succès de perruque! » — Talma, son génie, sa beauté olympienne. — Talma en déshabillé. — Sa mort. — Un mot sur Duchesnois. — *Le Tasse*, d'Alexandre Duval. — Firmin............. 41

CHAPITRE QUATRIÈME

Bertrand et Raton. — Le théâtre de Scribe. — Le vaudeville avant Scribe. — Scribe n'était pas seulement un homme de théâtre, c'était l'homme-théâtre. — Le style de Scribe. — C'est Scribe qui a inventé les points dans le dialogue. — Scribe librettiste d'opéras et d'opéras-comiques. — Scribe et l'Association des auteurs dramatiques. — La vraie vérité sur Scribe 78

CHAPITRE CINQUIÈME

Pourquoi Dumas est un peu trop oublié aujourd'hui. — *Henri III et sa Cour*. — Comment Dumas a fait la pièce. — Ses piquants démêlés avec mademoiselle Mars. — Histoire de la première représentation. — « Décidément, Racine n'est qu'un polisson! » — Joanny. — Mademoiselle Leverd. ... 95

CHAPITRE SIXIÈME

Casimir Delavigne exilé à la Porte-Saint-Martin. — *Marino Faliero*. — Casimir Delavigne et lord Byron. — L'examen critique de *Marino Faliero*. — *Une Liaison*. — Débuts de madame Dorval à la Comédie-Française. — Mazères et Empis. — Empis, directeur du Théâtre-Français. — Ce que n'était pas la maison de Molière 116

CHAPITRE SEPTIÈME

Les Malcontents. — Histoire d'un *clair de lune* tout à fait réussi. — Harel, ou le Napoléon des directeurs. — Un ménage original. — Mademoiselle Georges, sa beauté sculpturale. — Aventures et conquêtes. — « Si j'ai séduit Cinna, j'en séduirai bien d'autres. » — Les *Géorgiens* et les *Carcassiens*. — Carrière dramatique de mademoiselle Georges; son début dans *Clytemnestre* en 1802, sa représentation d'adieu dans *Cléopâtre* en 1854... 132

CHAPITRE HUITIÈME

La Passion secrète. — Débuts de mademoiselle Plessy. *La Jeunesse de Henri V.* — Fleury. — Plaisante aventure d'Alexandre Duval et de Mercier. — Alexandre Duval : sa lutte héroïque contre les progrès de l'école romantique et en particulier contre Scribe. — « Si vous le nommez, vous me ferez mourir. »— *Une Aventure sous Charles IX.*—Ligier. *Heureuse comme une princesse.* — Le style du papa Ancelot. — Débuts de Samson 159

CHAPITRE NEUVIÈME

Ma première décoration à l'Opéra. — Le docteur Véron, directeur de l'Opéra. — Véron, prédécesseur de Girardin, de Villemessant et de Buloz. — De l'influence de Véron sur les destinées de l'Opéra. — Le ballet de *la Tempête*. — Inconvénients d'un nom difficile à prononcer. — Schneitzhœfer, lisez : Bertrand! — Débuts de Fanny Elssler. — Pauline Duvernay. — Les abonnés de l'Opéra sous la direction Véron : *la loge infernale* 188

CHAPITRE DIXIÈME

Un chef-d'œuvre à la manière noire : *La Famille Moronval.* — Charles Lafont. — *Lord Byron à Venise.* Madame Dorval. — Ligier. — Des ressources qu'un acteur de génie peut trouver dans sa laideur naturelle. — *L'Ambitieux* par Scribe *seul*. — Scribe et ses collaborateurs. — Un mot d'Alexandre Dumas, à propos des collaborateurs et de la collaboration. — Ce qu'on peut appeler une bonne journée pour un écrivain. 223

CHAPITRE ONZIÈME

Chatterton. — La *soirée* d'Alfred de Vigny. — Les détracteurs et les enthousiastes. — Le grand succès est pour Kitty Bell. — Portrait d'Alfred de Vigny. — Son caractère, son talent. — Son mariage. — Un beau-père comme il y en a peu. — Samson et Dalila, ou les amours d'un poète e d'une comédienne. — Madame Dorval ; ses débuts. Kitty Bell est à la fois la personnification la plus expressive de son talent et l'apogée de sa réputation. — La scène de l'escalier. — Portrait de madame Dorval. « Je ne suis pas belle, je suis pire ! » — L'esprit et la gaieté de madame Dorval; son excellent cœur. — Sa mort lamentable. — Merle, le mari de madame Dorval 240

CHAPITRE DOUZIÈME

La Juive. — Cent cinquante mille francs de mise en scène. — La *duponchellerie*. — Un trait de génie : la chaudière du cinquième acte. — La musique de *la Juive* : *la Juive* est le premier succès véritable, et, en même temps, le plus éclatant, qu'ait remporté Halévy au théâtre. Le poème de *la Juive*: Scribe et Nourrit. — Cornélie Falcon ; son immense succès. — Son portrait, ses qualités dramatiques, sa voix. — Les vestales de l'art 299

FIN DE LA TABLE

IMPRIMERIE CENTRALE DES CHEMINS DE FER. — IMPRIMERIE CHAIX
20, RUE BERGÈRE. — 15186-3.

www.ingramcontent.com/pod-product-compliance
Lightning Source LLC
Chambersburg PA
CBHW060514170426
43199CB00011B/1446